Wilhelm Meyer

**Die Gotteslehre des Gregor von Nyssa**

Wilhelm Meyer

**Die Gotteslehre des Gregor von Nyssa**

ISBN/EAN: 9783743319059

Hergestellt in Europa, USA, Kanada, Australien, Japan

Cover: Foto ©Thomas Meinert / pixelio.de

Manufactured and distributed by brebook publishing software (www.brebook.com)

Wilhelm Meyer

**Die Gotteslehre des Gregor von Nyssa**

# DIE GOTTESLEHRE
## DES
# GREGOR VON NYSSA

EINE PHILOSOPHISCHE STUDIE AUS DER ZEIT
DER PATRISTIK

---

INAUGURAL-DISSERTATION

ZUR

ERLANGUNG DER DOKTORWÜRDE

DER

PHILOSOPHISCHEN FAKULTÄT

DER

UNIVERSITÄT JENA

VORGELEGT

VON

**WILHELM MEYER**

AUS BRAUNSCHWEIG

HALLE A. S.

DRUCK VON EHRHARDT KARRAS

1894

MEINER

LIEBEN MUTTER UND SCHWESTER

UND DEM ANDENKEN

MEINES SEL. VATERS

GEWIDMET

# Vorwort.

Mit dieser Abhandlung möchte ich die Aufmerksamkeit auf einen Mann lenken, von dessen Todesjahre uns nun gerade anderthalb Jahrtausende trennen, und welcher bis heute im Allgemeinen nur wenig einer genaueren Beachtung gewürdigt ist. Derselbe erscheint mir aus dem Grunde besonders interessant, weil er ein klassischer Zeuge ist aus jener grossen Periode, in welcher zahllose Fäden zwischen griechischer Philosophie und Christentum herüber- und hinüberlaufen. Dies im Einzelnen bei der Gotteslehre zu verfolgen, hier insbesondere den gewaltigen Einfluss des Neuplatonismus auf den christlichen Gedankenkreis festzustellen, ist Zweck und Aufgabe dieser Schrift.

Jena, 3. März 1894.

**W. Meyer.**

## Einleitung.

Unter den drei grossen Kappadoziern wird Gregor von Nyssa (331–394) gewöhnlich an letzter Stelle genannt. Hat er aber auch nicht so viel äussere Erfolge in der Kirche zu verzeichnen wie sein thatkräftiger Bruder Basilius, verfügt er auch nicht über solch einen hinreissenden Schwung der Beredsamkeit wie sein Freund, der „Prediger" Gregor von Nazianz, so steht er doch gross und ihnen ebenbürtig da in der Geschichte und hat als Bischof von Nyssa in der That den Ausspruch seines Bruders Basilius zur Wahrheit gemacht, dass er nach der Gewohnheit grosser Männer einen kleinen Ort zu einem grossen Werte erheben werde.[1]) So ist es geschehen. Nyssas Namen ist durch seinen Bischof auf die Nachwelt gekommen. Bei seiner Neigung, in der Stille der Wissenschaft zu leben, liegt seine Stärke und Bedeutung mehr auf dem Gebiete des spekulativen Denkens. Damit verbindet sich bei ihm eine Weichheit der Empfindung, eine Tiefe des Gefühlslebens,[2]) welche seine Schriften auch heute noch anziehend macht.

Die Zeit, in welche das Leben Gregors von Nyssa fällt, ist die grosse Periode der „Ausgleichung des Christentums mit dem Griechentum". Seitdem das Christentum mit dem Anspruch aufgetreten war, nicht nur eine Religion neben vielen zu sein, sondern mit seiner Geistesmacht die ganze Welt zu durchdringen,

---

1) Schröckh, Christl. Kirchengeschichte, 1790 14 Teil, p. 4. — Böhringer, Die Kirche Christi, Zürich 1842 I, 2. p. 286.
2) R. Eucken, Die Lebensanschauungen der grossen Denker, Leipzig 1890 p. 257. — Alexander v. Humboldt giebt in seinem Kosmos II, p. 29 u. 30 eine Probe von der sentimental schwermütigen, der Natur zugewandten Stimmung Gregors.

war der Sieg desselben nur von einer Auseinandersetzung mit der griechischen Gedankenwelt, in die es eintrat, zu erwarten. Durch den Gegensatz aber, in welchem von Haus aus Christentum und Philosophie zu einander standen, war ein gegenseitiges Verständnis allerdings sehr erschwert.

Seinem ganzen Charakter nach will das Christentum keineswegs erstwesentlich eine wissenschaftliche Weltanschauung entwickeln. Es knüpft an grosse historische Thatsachen an, und indem es diesen einen unendlichen Wert für die einzelne Menschenseele beimisst, liegt sein Schwerpunkt nicht sowohl im theoretischen Erkennen als in der praktischen sittlichen Thätigkeit des Menschen. So war das Verhältnis der Kirchenväter zur griechischen Philosophie anfangs ein kühles und fremdes, und nur aus äusseren Gründen, im apologetischen Interesse, suchten sie eine gewisse Fühlung mit derselben zu gewinnen.

Erst mit dem Auftreten der Alexandriner Clemens und Origenes bricht eine neue Aera an. In ihnen erscheinen die ersten Repräsentanten der christlichen Kirche, welchen die Philosophie ein inneres Bedürfnis wurde, welche energisch mit dem Vorurteil der Menge brachen, dass die Philosophie vom Teufel stamme. Ja es ist die Ansicht des Clemens, dass die Philosophie geradezu eine Vorbereitung des Christentums sei. „Eine Auswahl des Richtigen aus den verschiedenen Systemen ergiebt nichts anderes als die christliche Wahrheit."[1]) Was Clemens vorbereitete, hat Origenes ausgeführt, und so ist er der erste christliche Theologe gewesen, welcher dem Christentum eine philosophische Weltanschauung hinzugefügt hat. Der Einfluss seiner Gedanken reicht bis in die folgenden Jahrhunderte,[2]) ja man kann sagen: wo immer ein philosophisches Ringen im Christentum stattfindet, ist auch eine gewisse Berührung mit dem Origenismus nicht zu verkennen.

1) Eucken, Lebensanschauungen p. 214.
2) Harnack bemerkt in seinem Lehrbuch der Dogmengeschichte, 2. Aufl. Freiburg 1888 I, p. 603 treffend über den Einfluss des Origenes: „Die Dogmen- und Kirchengeschichte der folgenden Jahrhunderte ist im Orient die Geschichte der Philosophie des Origenes."

Die gewaltigste Befruchtung aber erhielt die christliche Kirche in dieser Periode von einer neuen grossartigen Schöpfung, welche auf dem Boden des reinen Griechentums entstanden war: von dem Neuplatonismus. Es ist eine interessante Erscheinung, dass dieselbe Philosophie, welche nichts Geringeres bezweckte, als dem Christentum den Todesstoss zu versetzen, gerade das Ihrige zur Förderung desselben beitrug.

In der That ist ja eine Verwandtschaft zwischen beiden Weltanschauungen nicht zu leugnen. Beide gehen von dem Gefühle des unendlichen Abstandes zwischen Gott und Welt aus und beide suchen eine Versöhnung dieses Gegensatzes zu gewinnen. Wie das Christentum dieselbe fand in dem Glauben an eine göttliche Offenbarung, so ging auch der Neuplatonismus im letzten Grunde auf eine Offenbarung zurück. Der Unterschied war nur der, dass diese Offenbarung nach christlicher Anschauung an eine geschichtliche Thatsache anknüpfte, für den Neuplatoniker aber das kaum erreichbare Ziel einer mystischen Kontemplation war.

Schon diese kurze Skizze lässt erkennen, dass die Bedingungen einer Verschmelzung des Neuplatonismus mit dem Christentum so günstig wie möglich waren, und so ist denn „vom vierten Jahrhundert ab der Einfluss des Neuplatonismus auf die orientalischen Theologen ein höchst bedeutender gewesen."[1]) Nicht nur hat derselbe seine ganze Mystik in der Kirche eingebürgert, sondern er hat auch — was damit zusammenhängt — der christlichen Gottesanschauung Elemente zugeführt, welche ihr bis dahin fremd waren.

Im Gegensatz zum Christentum, welches seinem ganzen moralischen Typus nach den Gottesbegriff mehr unter ethische Gesichtspunkte stellt, herrscht im Neuplatonismus die spekulative Richtung vor. Das göttliche Wesen ist dem Christen moralische Persönlichkeit, welche sich ihm in der Tiefe des Gemüts als heilige Liebe offenbart. Was diesem in der geschichtlichen Persönlichkeit Jesu Christi unmittelbar gegeben und gewiss ist, macht Plotin, das geistige Haupt des Neuplatonismus, zum Gegen-

---

1) Harnack, Lehrbuch der Dogmengeschichte, 2. Aufl. Freiburg 1888 I, p. 735.

stand metaphysischer Spekulationen. In seinem Suchen nach dem unbekannten Gott knüpft er an die ihn umgebende Welt an. Ueber sie strebt er hinaus. Er sucht nach einer Einheit in aller Mannigfaltigkeit derselben, nach dem Grund und Ursprung aller Wirklichkeit, nach einer ewigen und unwandelbaren Substanz inmitten des Wechsels und Vergehens aller Dinge. So kommt sein Denken beim Aufsteigen auf immer allgemeinere Begriffe und schliesslich zum allgemeinsten Begriff des reinen, eigenschaftslosen Seins und glaubt hierin die Gottheit gefunden zu haben.

Wir sehen: Mit dem Gedanken der Absolutheit und Unendlichkeit des göttlichen Wesens wird im Neuplatonismus voller Ernst gemacht. Damit ist aber nicht nur die absolute Erhabenheit Gottes gegenüber der Welt ausgesprochen, sondern auch die Unmöglichkeit, über das Urwesen irgend etwas Positives auszusagen. Selbst die höchsten Begriffe erscheinen unzureichend zur Bezeichnung dessen, was sich vermöge seiner Unendlichkeit jeder begrenzenden Bestimmung entzieht.

Der Unterschied zwischen dieser und der christlichen Betrachtungsweise liegt auf der Hand. Während das Christentum die Gottheit in ihren Beziehungen zum Menschen zu erfassen sucht und ihr notwendiger Weise nach Analogie des Menschen persönlich sittliche Eigenschaften zuschreibt, geht der Neuplatonismus von dem spekulativen Streben aus, durch die Erscheinungswelt hindurch bis zum letzten Grunde der Wirklichkeit, der Substanz alles Seins hindurchzudringen und weist jede Bezeichnung der göttlichen Natur als Beschränkung zurück.

Dieser Unterschied springt ebenso deutlich in die Augen, wenn man das religiöse Verhältnis des Menschen zu Gott näher betrachtet. Wie das Christentum einen so unendlichen Wert der einzelnen Menschenseele beimisst, so liegt ihm auch alles an einem persönlichen Verhältnis des Menschen zu Gott. Des Weiteren erscheint dasselbe als eine sittliche Lebensgemeinschaft mit dem Höchsten, als ein religiöser Verkehr von Person mit Person.

Wie ganz anders ist aber das Bild, das der Neuplatonismus uns entrollt! Das griechische Erkenntnisideal der unmittelbaren Anschauung Gottes, der Gedanke, dass es die Hauptaufgabe des

Menschen sei, sich in die Tiefen des Absoluten zu versenken, wird hier zum alles beherrschenden Mittelpunkt gemacht. So kann von einer lebendigen Wechselwirkung zwischen Mensch und Gott nicht die Rede sein. Ist Gott das dem Einzelnen zu Grunde liegende allgemeine, unendliche Sein, so ist auch der Mensch ein Stück desselben. Ein grosses Allleben durchflutet die Welt, in welchem dem Einzelwesen als solchem eine Bedeutung nicht zukommt, und erst im mystischen Aufgehen in der Gottheit, in dem Auslöschen des gewöhnlichen Ich, der selbstischen Sinnlichkeit, in der vollen Wesenseinheit von Mensch und Gott findet das religiöse Gefühl seine Befriedigung und Ruhe. Mit einem Worte: Statt einer moralischen Einheit des Menschen mit Gott, wie sie das Christentum fordert, lehrt der Neuplatonismus eine. metaphysische Einheit.

Indem wir so den Gegensatz zwischen der christlichen und der neuplatonischen Gottesanschauung möglichst scharf hervorzukehren versuchten, haben wir dadurch zugleich einen Massstab, ein Kriterium erhalten, mittels dessen wir die Gottesvorstellungen der Kirchenväter der neuplatonischen Epoche prüfen können.

Wir haben der Gotteslehre des Gregor von Nyssa unser Augenmerk zuzuwenden, und es wird hierbei unsere Hauptaufgabe sein, den charakteristischen Unterschied zwischen altchristlichen und neuplatonischen Gedanken zu beleuchten, welche sich hier in ähnlicher Weise, wie es später Augustin in grösserem Stile durchgeführt hat, zu einem eigentümlichen Ganzen verbunden haben. Wie aber die mittelalterliche Scholastik dereinst ohne Bedenken die aristotelische Philosophie in die christliche Gedankenwelt aufnahm und beide Weltanschauungen einfach nebeneinander legte, ohne sich innerlich mit ihnen auseinanderzusetzen, so ist auch Gregor von Nyssa zu sehr ein Kind seiner Zeit, als dass er sich des Gegensatzes zwischen der neuplatonischen und christlichen Gottesauffassung bewusst würde. Bei solcher Verflechtung verwandter und doch von einander geschiedener Gedankenmassen zu einem Ganzen darf man sich daher die Schwierigkeiten nicht verhehlen, welche einer Analyse derselben entgegenstehen. Nicht immer wird es gelingen, die Grenzlinien so zu ziehen, dass mit Sicherheit zu sagen wäre, welcher Seite diese oder jene Erörterungen angehören, und manches wird als Rest bleiben und als ausschliessliches Eigentum Gregors selbst zu betrachten sein.

Die im Folgenden nach seinen Schriften[1]) gegebene Darstellung der Gotteslehre des Gregor von Nyssa wird nach den vorausgeschickten Bemerkungen in einem ersten Abschnitt den „Gottesbegriff" behandeln und dabei auch das kirchliche Trinitätsdogma berücksichtigen. In einem zweiten Teile wird dann unter der Ueberschrift der „Gotteserkenntnis", das religiöse Verhältnis des Menschen zu Gott ins Auge zu fassen sein.

## I. Der Gottesbegriff.

Während Gregor von Nyssa in der Apologie gegen die Atheisten das Dasein Gottes aus dem Zeugnis seiner Werke zu beweisen sucht,[2]) indem er auf die Wohlthaten hinweist, welche Gott in unserem Leben wirkt,[3]) auf die kunstvolle und weise Weltordnung, welche eine in der Welt sich manifestierende und über sie erhabene Macht offenbare,[4]) setzt er doch als Christ, wie alle Kirchenväter, die Existenz desselben ohne Weiteres voraus und giebt dieser Ueberzeugung in der Weise Ausdruck, dass er erklärt: Der Glaube an die Gottheit liege von Natur in allen Menschen.[5])

1) Betreffs der Zitate sei bemerkt, dass dieselben nach der Morell'schen Ausgabe der Werke Gregors von Nyssa in drei Bänden, Paris 1638, angeführt worden sind.
2) T(omus) III, p. 67a. Καὶ γὰρ τοῦ ὅλως εἶναι θεὸν οὐκ ἄν τις ἑτέραν ἀπόδειξιν ἔχοι πλὴν τῆς δι' αὐτῶν τῶν ἐνεργειῶν μαρτυρίας.
3) T. III, p. 69b. Ἀφ' ὧν γὰρ εὖ πάσχομεν, ἀπὸ τούτων τὸν εὐεργέτην ἐπιγινώσκομεν· πρὸς γὰρ τὰ γινόμενα βλέποντες διὰ τούτων τὴν τοῦ ἐνεργοῦντος ἀναλογιζόμεθα φύσιν.
4) T. III, p. 44b. Εἰ μὲν οὖν μὴ εἶναι λέγοι, ἐκ τῶν τεχνικῶς καὶ σοφῶς κατὰ τὸν κόσμον οἰκονομουμένων προσαχθήσεται πρὸς τὸ διὰ τούτων εἶναί τινα δύναμιν τὴν ἐν τούτοις διαδεικνυμένην καὶ τοῦ παντὸς ὑπερκειμένην ὁμολογῆσαι. Cf. 67a; 187b—188a; 188d u. ö.
5) T. I, p. 801d. Ἡ περὶ τὸ θεῖον ὑπόληψις ἔγκειται μὲν πᾶσι φυσικῶς τοῖς ἀνθρώποις.

Wie innig sich aber bei ihm dieser Gottesgedanke mit seinem gesamten kausalen Welterkennen verbindet, geht daraus hervor, dass er ohne Gott ein Sein überhaupt nicht begreifen kann. Denn nur sofern Gott das wahre Sein ist, welches das All durchdringt und ihm zu Grunde liegt, und von welchem alles abhängt, kann von einem besonderen Sein gesprochen werden.[1]) Indem Gregor so seinem Gottesbegriff, offenbar im Anschluss an die neuplatonische Philosophie, einen spekulativen Hintergrund giebt, erwächst ihm die Aufgabe, hierzu die biblisch christliche Anschauung von Gott als einer idealen Persönlichkeit mit sittlichen Eigenschaften in Beziehung zu setzen.

Als christlicher Kirchenvater beugt sich Gregor unter die Autorität der h. Schrift als Quelle und Norm der Gotteserkenntnis, wie er sie überhaupt als letzte und entscheidende Instanz anerkennt,[2]) sie in unzähligen Fällen zitiert und im Kampf mit Gegnern als unwiderlegliches und unfehlbares Beweismaterial verwendet.[3]) Speziell in Sachen der Gotteslehre ist er von der Ueberzeugung durchdrungen, dass die in der h. Schrift niedergelegten und von inspirierten Männern mitgeteilten Belehrungen über Gott eine über unsern Verstand hinausgehende Erkenntnis Gottes übermitteln.[4])

Gleichwohl bleibt er sich als Philosoph der Beschränktheit aller dieser Aussagen über Gott voll bewusst.[5]) Aber diese Einsicht entspringt bei ihm weniger dem religiös sittlichen Gefühl

1) T. III, p. 83 a. *Τίς γὰρ οὕτω νήπιος τὴν ψυχὴν ὡς εἰς τὸ πᾶν βλέπων μὴ ἐν παντὶ πιστεύειν εἶναι τὸ θεῖον καὶ ἐνδυόμενον καὶ ἐμπεριέχον καὶ ἐγκαθήμενον; Τοῦ γὰρ ὄντος ἐξῆπται τὰ πάντα καὶ οὐκ ἔνεστιν εἶναί τι μὴ ἐν τῷ ὄντι τὸ εἶναι ἔχον.*

2) T. III, p. 201 a. ... *κανόνι παντὸς δόγματος καὶ νόμῳ κεχρημένοι τῇ ἁγίᾳ γραφῇ,* ...

3) T. III, p. 8 a—b. *Οὐκοῦν ἡ θεόπνευστος ἡμῖν διαιτησάτω γραφή, καὶ παρ' οἷς ἂν εὑρεθῇ τὰ δόγματα συνῳδὰ τοῖς θείοις λόγοις, ἐπὶ τούτους ἥξει πάντως τῆς ἀληθείας ἡ ψῆφος.*

4) T. I, p. 821 c. *Αἱ τῆς ἁγίας γραφῆς θεολογίαι, αἱ παρὰ τῶν τῷ ἁγίῳ πνεύματι θεοφορουμένων ἡμῖν ἐκτεθεῖσαι, πρὸς μὲν τὸ ἡμέτερον τῆς διανοίας μέτρον ὑψηλαὶ καὶ μεγάλαι καὶ ὑπὲρ πᾶν εἰσι μέγεθος, τοῦ δὲ ἀληθινοῦ μεγέθους οὐ προσαπτόμεναι.*

5) T. I, p. 821 b. *Ὅσον γὰρ ἐγὼ ἐχώρουν δέξασθαι, τοσοῦτον εἶπεν ὁ λόγος, οὐχ ὅσον ἐστὶ τὸ δηλούμενον.*

der menschlichen Unzulänglichkeit, die Tiefen der Gottheit zu erkennen, als dem spekulativ mystischen Streben, durch die Mannigfaltigkeit der Erscheinungswelt mit ihrem bunten Wechsel und ihrer Veränderung hindurchzudringen zu der „feststehenden Natur, der unveränderlichen Macht, welche auf sich selbst gegründet ist und alles führt und trägt, was ein Dasein hat", durch die Menge der ihr anhaftenden Prädikate sich zur „Natur" der Gottheit selbst hindurchzuringen.[1]) Die Aussagen der h. Schrift über Gott haben also den Zweck, „zum Verständnis seiner unsagbaren Herrlichkeit anzuleiten",[2]) kommen insofern in Betracht, als jedes menschliche „Nachdenken" über die göttliche Natur an ihnen eine Norm und feste Basis hat.[3]) Damit ist ebenso die einzigartige Bedeutung der h. Schrift als Quelle jeder Gotteserkenntnis ausgesprochen, wie die Schranke ihrer Aussagen in Bezug auf die göttliche Natur selbst.[4])

Für diese spekulative Fassung der Gottesidee ist aber bei Gregor kein Begriff von so grossem Einfluss gewesen wie der des Unendlichen. Wenn auch andere christliche Kirchenväter der Gottheit das Prädikat der Unendlichkeit beilegten,[5]) so wollten

1) T. I, p. 725 c—d. Τίς δώσει μοι τὰς πτέρυγας ἐκείνας πρὸς τὸ διινηθῆναι τῷ ὕψει τῆς τῶν ῥημάτων μεγαλοφυΐας συναναπτῆναι κατὰ διάνοιαν, ὥστε καταλιπεῖν μὲν τὴν γῆν πᾶσαν, διαπεράσαί τε πάντα τὸν ἐν μέσῳ κεχυμένον ἀέρα, καταλαβεῖν δὲ τὸ αἰθέριον κάλλος καὶ ἐπὶ τὰ ἄστρα φθάσαι καὶ πᾶσαν τὴν ἐν αὐτοῖς διακόσμησιν κατιδεῖν, στῆναι δὲ μηδὲ ἐν τούτοις, ἀλλὰ διεξελθεῖν καὶ διὰ τούτων καὶ πάντων τῶν κινουμένων τε καὶ μεθισταμένων ἐκτὸς γενέσθαι καὶ καταλαβεῖν τὴν ἑστῶσαν φύσιν, τὴν ἀμετακίνητον δύναμιν, τὴν ἐφ' ἑαυτῆς καθιδρυμένην, τὴν πάντα ἄγουσάν τε καὶ φέρουσαν ὅσα ἐν τῷ εἶναι ἔστιν. Ueber den mystischen Zug bei Gregor vgl. besonders den zweiten Abschnitt.
2) T. I, p. 726a. ... ἐκ τῶν ἐπινοουμένων αὐτῷ (sc. θεῷ) προσηγοριῶν πρὸς τὴν σύνεσιν τοῦ ἀφράστου δόξης χειραγωγούμενος, ...
3) T. I, p. 726 b. ... ὅσα τοιαῦτα νενόηται περὶ τὴν θείαν φύσιν διά τε τῆς θείας γραφῆς καὶ τῶν οἰκείων λογισμῶν κατανοήσας....
4) T. I, p. 821 b. Ἤκουσα τῆς θεοπνεύστου γραφῆς μεγάλα περὶ τῆς ὑπερκειμένης φύσεως διεξιούσης, ἀλλὰ τί ταῦτα πρὸς αὐτὴν τὴν φύσιν;
5) Harnack, Dogmengeschichte, Freiburg 1887 II, p. 117.

sie damit dem Gedanken Ausdruck geben, dass alles Endliche und Kreatürliche von Gott zu abstrahieren sei. Sie wollten eben jede anthropomorphe Auffassung Gottes vermeiden und schrieben ihm in demselben Sinne auch „Ueberwesentlichkeit" zu.[1]) Nie aber kamen sie über den negativen Begriff der Unendlichkeit hinaus.

Im Gegensatz hierzu gewinnt der Begriff der Unendlichkeit bei Gregor einen eminent positiven Sinn, und wiederum zeigt sich hier recht deutlich der Einfluss des Neuplatonismus. Wie bei Plotin das Unendliche „die positive Bedeutung der Ueberlegenheit gegen jede versuchte Bestimmung und Abgrenzung" erhält,[2]) so denkt sich auch unser Philosoph die göttliche Natur als durchaus „in der Unendlichkeit" befindlich[3]) d. h. die Unendlichkeit (Gottes) ist nicht ein negativer Grenzbegriff menschlichen Denkens, sondern das eigenste Wesen der göttlichen Natur selbst.[4])

Darin liegt eine gewaltige Umwandlung der ganzen Gottesanschauung beschlossen. Während man bisher, um zu einer Erkenntnis Gottes zu gelangen, auf Grund der ethischen Aussagen der h. Schrift sich Gott nach Analogie des sittlichen Menschen dachte, ohne sich allerdings die Relativität dieser Aussagen zu verhehlen, schlägt Gregor einen andern Weg ein.

Ihn beschäftigt in erster Linie das Problem der Relativität aller Prädikate Gottes, und während noch Origenes aus der

---

1) Justin. dial. c. Tryph. 3: ἐπέκεινα τῆς οὐσίας. Athanas. contra gent. p. 3: ὑπερούσιος. Cf. Nitzsch, Grundriss der christlichen Dogmengeschichte, Berlin 1870 I, p. 273.
2) Eucken, Lebensanschauungen p. 250.
3) T. III, p. 24 d. Ἡμεῖς μὲν γὰρ ἀόριστον καὶ ἀπερίληπτον τὴν θείαν φύσιν εἶναι πιστεύοντες οὐδεμίαν αὐτῆς ἐπινοοῦμεν περίληψιν, ἀλλὰ κατὰ πάντα τρόπον ἐν ἀπειρίᾳ νοεῖσθαι τὴν φύσιν διοριζόμεθα.
4) Demselben Begriff des positiv Unendlichen begegnen wir bei Descartes. Auch diesem ist das Hauptmerkmal Gottes seine Unendlichkeit, im Gegensatz zur Welt, welcher nur Endlosigkeit zuzuschreiben ist. Bekanntlich sieht Descartes in dieser Idee des infinitum, welche nach ihm dem Menschen angeboren ist, einen Beweis für das Dasein (eines unendlichen) Gottes. — In derselben Richtung gehen die Anschauungen Spinozas und Hegels, welch letzterer mit besonderer Energie den Gedanken der Unendlichkeit des göttlichen Wesens vertritt.

menschlichen Unvollkommenheit die Beschränktheit der Gotteserkenntnis erklärt,[1]) findet es der Nyssener in der Natur Gottes selbst, in seiner Unendlichkeit begründet, dass jedwede Aussage über diese Natur durch den Begriff des Unendlichen schlechthin ausgeschlossen wird.[2]) Es würde nämlich jede nähere Bestimmung, die in einer Aussage über Gott notwendiger Weise liegt, eine Begrenzung der unendlichen Natur, eine contradictio in adiecto sein.

Darin liegt, dass alle Namensbezeichnungen Gottes, mögen sie von Menschen „erfunden" oder von der h. Schrift „überliefert" sein, nur subjektive Reflexionen des menschlichen Denkens sein können, dass ihnen eine metaphysische Bedeutung nicht zukommt.[3]) Mit dieser Behauptung weiss sich Gregor nicht nur in Uebereinstimmung mit der h. Schrift, welche selbst die Namenlosigkeit und Unaussprechlichkeit des höchsten Wesens betont, sondern er empfindet es geradezu als etwas Widerspruchsvolles, wenn man glaubt, die göttliche Natur durch völlig verschiedenartige Prädikate, die bald diesen bald jenen Sinn haben, bezeichnen zu können.[4])

Neben dieser spekulativen Betrachtungsweise, welcher, um mit Worten Spinozas zu reden, jede Determination als Negation gilt, findet sich noch ein anderes Element im Gottesbegriff unseres Kirchenvaters. Hier knüpft Gregor an die Vorstellung von Gott

1) Redepenning, Origenes' Leben und Lehre, Bonn 1841 I, p. 285: „Allein vermöge unserer jetzigen Unvollkommenheit ist Gott unbegreiflich, nicht durch sein Wesen oder das unsrige an sich, welches ihm verwandt ist."
2) T. III, p. 24 d. Τὸ δὲ καθόλου ἄπειρον οὐ τινὶ μὲν ὁρίζεται, τινὶ δὲ οὐχί, ἀλλὰ κατὰ πάντα λόγον ἐκφεύγει τὸν ὅρον ἡ ἀπειρία.
3) T. III, p. 18 d. Ἡμεῖς δὲ ταῖς τῆς γραφῆς ὑποθήκαις ἑπόμενοι ἀκατονόμαστόν τε καὶ ἄφραστον αὐτὴν μεμαθήκαμεν καὶ πᾶν ὄνομα, εἴτε παρὰ τῆς ἀνθρωπίνης οὐσίας ἐξεύρηται εἴτε παρὰ τῶν γραφῶν παραδέδοται, τῶν (τὶ) περὶ τὴν θείαν φύσιν νοουμένων ἑρμηνευτικὸν εἶναι λέγομεν, οὐκ αὐτῆς δὲ τῆς φύσεως περιέχειν τὴν σημασίαν.
4) T. III, p. 19 a –b. Ὅσα δὲ πρὸς ὁδηγίαν τῆς θείας κατανοήσεώς ἐστιν ὀνόματα, ἰδίαν ἔχει ἕκαστον ἐμπεριειλημμένην διάνοιαν, καὶ οὐκ ἂν χωρὶς νοήματός τινος οὐδεμίαν εὕροις φωνὴν ἐν τοῖς θεοπρεπεστέροις τῶν ὀνομάτων, ὡς ἐκ τούτου δείκνυσθαι μὴ αὐτὴν τὴν θείαν φύσιν ὑπό τινος τῶν ὀνομάτων σεσημειῶσθαι.

als einem Idealbilde sittlicher Persönlichkeit an, wie sie auf Grund der h. Schrift in der christlichen Gemeinde lebte und hochgehalten wurde, und kommt so zu einer Gedankenreihe, welche sich zu der vorhin entwickelten grundverschieden verhält.

Gewissermassen als den Gegenpol der Unendlichkeit Gottes, welche alle Aussagen über die göttliche Natur illusorisch macht,[1]) kann man hier seine moralische Vollkommenheit bezeichnen. Gregor sieht in Gott das vollkommenste Wesen schlechthin — „die wahre Tugend"[2]) — und unternimmt es in seiner grossen Katechese, aus diesem Begriffe der Vollkommenheit die Einheit Gottes im Gegensatz zum Polytheismus des Heidentums abzuleiten,[3]) indem er ausführt, dass die höchste Vollkommenheit wie überhaupt jeden vorstellbaren Unterschied von andern vollkommenen Wesen in der Idee, so auch den Unterschied des Seins ausschliesse.[4])

Im Zusammenhang mit dieser Gottesauffassung nehmen hier auch die göttlichen Prädikate eine andere Stellung ein. Während sie im Lichte einer spekulativen Betrachtungsweise aus der Sphäre des subjektiv menschlichen Denkens nicht herauskamen, werden sie hier geradezu als inhärierende Eigenschaften Gottes gedacht und unter den Gesichtspunkt einer sittlichen Beurteilung gestellt. So lässt es sich der Nyssener besonders angelegen sein, die vier Attribute der Macht, Gerechtigkeit, Güte und

1) T. III, p. 13 b—c. Ἡ δὲ θεία φύσις ἐν πᾶσι τοῖς ἐπινοουμένοις ὀνόμασι καθώς ἐστι μένει ἀσήμαντος, ὡς ἡμέτερος λόγος.
2) T. III, p. 70 c.
3) T. III, p. 44 b ff.
4) T. III, p. 44 d. Εἰ γὰρ τὸ τέλειον ἐν παντὶ δοίη περὶ τὸ ὑποκείμενον ὁμολογεῖσθαι, πολλὰ δὲ εἶναι τὰ τέλεια διὰ τῶν αὐτῶν χαρακτηριζόμενα λέγοι, ἀνάγκη πᾶσα ἐπὶ τῶν μηδεμιᾷ παραλλαγῇ διακρινομένων, ἀλλ' ἐν τοῖς αὐτοῖς θεωρουμένων, ἢ ἐπιδεῖξαι τὸ ἴδιον ἢ εἰ μηδὲν ἰδιαζόντως καταλάβοι ἡ ἔννοια ἐφ' ὧν τὸ διακρῖνον οὐκ ἔστι, μὴ ὑπονοεῖν τὴν διάκρισιν. Dieser Beweis hat grosse Aehnlichkeit mit dem ontologischen Argument des Anselm von Canterbury. Beide ziehen aus der Idee des vollkommensten Wesens Schlüsse in Bezug auf das Sein: Anselm in Bezug auf die Existenz Gottes, Gregor in Bezug auf die Einheit des Seins. Beide begehen den Fehler, dass sie Denken und Sein ohne Weiteres identifizieren.

Weisheit Gottes zu betonen und ihr harmonisches Zusammenwirken in der göttlichen Persönlichkeit zu erweisen, wieder unter der Voraussetzung, dass man in ihr den Inbegriff aller Vollkommenheit sehen müsse.[1]) Es erhellt, dass zwei so verschiedene Ausgangspunkte in der Gottesauffassung in dem Systeme Gregors eine gewaltige Spannung erzeugen. Eine Gedankenreihe wirkt auf die andere ein, und bei solcher Wechselwirkung ergiebt sich ein höchst eigentümliches Gesamtbild.

Der Gottesbegriff Gregors von Nyssa wird charakterisiert durch die Grundvoraussetzung der unbegreiflichen, undenkbaren und unerklärlichen Erhabenheit des göttlichen Wesens, welches alle irdische Herrlichkeit und Grösse weit überragt.[2]) Daher wird die Gottheit über alles Sichtbare und Kreatürliche, über Raum und Zeit, ja über jede begrenzende Begriffsbestimmung hinausgehoben,[3]) so dass der Philosoph auf schwindelnder Höhe erst in dem Begriff des reinen Seins den Kern und Bestand der

---

1) T. III, p. 75 d — 76 b. Οὐκοῦν ὁμολογεῖται παρὰ πᾶσι μὴ μόνον δυνατὸν εἶναι δεῖν πιστεύειν τὸ θεῖον, ἀλλὰ καὶ δίκαιον καὶ ἀγαθὸν καὶ σοφὸν καὶ πᾶν ὅ τι πρὸς τὸ κρεῖττον τὴν διάνοιαν φέρει..... Καθ' ὅλου γὰρ οὐδὲν ἐφ' ἑαυτοῦ τῶν ὑψηλῶν τούτων ὀνομάτων διεξεργμένον τῶν ἄλλων ἀρετὴ κατὰ μόνας ἐστίν, οὔτε τὸ ἀγαθὸν ἀληθῶς ἐστιν· ἀγαθὸν μὴ μετὰ τοῦ δικαίου τε καὶ σοφοῦ καὶ τοῦ δυνατοῦ τεταγμένον (τὸ γὰρ ἄδικον ἢ ἄσοφον ἢ ἀδύνατον ἀγαθὸν οὐκ ἔστιν), οὔτε ἡ δύναμις τοῦ δικαίου τε καὶ σοφοῦ κεχωρισμένη ἐν ἀρετῇ θεωρεῖται· θηριῶδες γάρ ἐστι τὸ τοιοῦτον καὶ τυραννικὸν τῆς δυνάμεως εἶδος. Ὡσαύτως δὲ καὶ τὰ λοιπά. Εἰ ἔξω τοῦ δικαίου τὸ σοφὸν φέροιτο ἢ τὸ δίκαιον, εἰ μὴ μετὰ τοῦ δυνατοῦ τε καὶ τοῦ ἀγαθοῦ θεωροῖτο, κακίαν ἄν τις μᾶλλον κυρίως τὰ τοιαῦτα κατονομάσειεν· τὸ γὰρ ἐλλιπὲς τοῦ κρείττονος πῶς ἄν τις ἐν ἀγαθοῖς ἀριθμήσειεν; .... πάντα προσήκει συνδραμεῖν ἐν ταῖς περὶ θεοῦ δόξαις.
2) T. III, p. 68d—69a. ... θεός, τὸ ἀχώρητον καὶ ἀκατανόητον καὶ ἀνεκλάλητον πρᾶγμα, τὸ ὑπὲρ πᾶσαν δόξαν καὶ πᾶσαν μεγαλειότητα. ... T. I, p. 822a. ... (πρᾶγμα), ὃ οὔτε ἰδεῖν ἔστιν οὔτε ἀκοῦσαι οὔτε λογίσασθαι. Cf. T. I, p. 821a u. ö.
3) T. I, p. 784a. Πῶς ὀνομάσω τὸ ἀθέατον; πῶς παραστήσω το ἄϋλον; πῶς δείξω τὸ ἀειδές; πῶς διαλάβω τὸ ἀμέγεθες, τὸ ἄποσον, τὸ ἄποιον, τὸ ἀσχημάτιστον; τὸ μήτε τόπῳ μήτε χρόνῳ εὑρισκόμενον; τὸ ἐξώτερον παντὸς περασμοῦ καὶ πάσης ὁριστικῆς φαντασίας; Cf. T. III, p. 87a.

Wirklichkeit gefunden zu haben glaubt.¹) So erscheint das
göttliche Wesen recht eigentlich als das ursprüngliche und wahre
Sein, welches die Fortdauer der Dinge verbürgt,²) andererseits
als das höchste Gut, die Fülle und Natur des Guten,³) bis
schliesslich beides geradezu zusammenfällt und in untrennbarer
Einheit verbunden erscheint.⁴) Ja er denkt sich das höchste
Wesen — echt neuplatonisch! — wie über alle Begriffe, so
auch über den Begriff des Guten schlechterdings erhaben und
bewegt sich überhaupt bei der Beschreibung der göttlichen „Natur"
fast ganz in Plotin'schen Gedankenkreisen.⁵) Wie wenig er aber
gewillt ist, bei dieser starren, abstrakten Fassung des Gottes-
begriffes stehen zu bleiben, wie sehr es ihn drängt, einen lebendigen Gott zu haben, zeigt sich darin, dass er der göttlichen
Natur eine ἐνέργεια zuschreibt. So verwandelt sich bei ihm,
wie bei Plotin, „die unpersönliche Substanz unvermerkt in die
allbelebende Gottheit."⁶)

Fragen wir nun weiter danach, was unter dieser ἐνέργεια
der göttlichen Natur zu denken sei, so sehen wir zunächst unsern

---

1) T. III, p. 93 b. Οὐ γὰρ ἄν τι διαμένοι ἐν τῷ εἶναι μὴ ἐν τῷ ὄντι μένον.
2) T. III, p. 93 b. Τὸ δὲ κυρίως καὶ πρώτως ὂν ἡ θεία φύσις ἐστίν, ἣν ἐξ ἀνάγκης πιστεύειν ἐν πᾶσιν εἶναι τοῖς οὖσιν ἡ διαμονὴ τῶν ὄντων καταναγκάζει.
3) T. I, p. 784 c. T. III, p. 223 b.
4) T. III, p. 223 d. Τὸ δὲ κυρίως ὂν ἡ τοῦ ἀγαθοῦ φύσις ἐστίν.
5) T. III, p. 223 b—d. Ἡ δὲ ὑπερέχουσα πᾶσαν ἀγαθὴν ἔννοιαν φύσις καὶ πάσης ὑπερκειμένη δυνάμεως, ἅτε μηδενὸς ἐνδεῶς ἔχουσα τῶν πρὸς τὸ ἀγαθὸν νοουμένων, αὐτὴ τῶν ἀγαθῶν οὖσα τὸ πλήρωμα, οὐδὲ κατὰ μετοχὴν καλοῦ τινος ἐν τῷ καλῷ γινομένη, ἀλλ' αὐτὴ οὖσα ἡ τοῦ καλοῦ φύσις, ὅ τι ποτὲ καὶ εἶναι τὸ καλὸν ὁ νοῦς ὑποτίθεται, οὔτε τὴν ἐλπιστικὴν κίνησιν ἐν ἑαυτῇ δέχεται (πρὸς γὰρ τὸ μὴ παρὸν ἡ ἐλπὶς ἐνεργεῖται μόνον, ὃ δὲ ἔχει τις, τί καὶ ἐλπίζει; φησὶν ὁ ἀπόστολος), οὔτε τῆς μνημονευτικῆς ἐνεργείας πρὸς τὴν τῶν ὄντων ἐπιστήμην ἐπιδεής ἐστι· τὸ γὰρ βλεπόμενον τοῦ μνημονευθῆναι οὐκ ἐπιδέεται. Ἐπεὶ δὲ οὖν παντὸς ἀγαθοῦ ἐπέκεινα ἡ θεία φύσις, τὸ δὲ ἀγαθὸν ἀγαθῷ φίλον πάντως, διὰ τοῦτο ἑαυτὴν βλέπουσα καὶ ὃ ἔχει θέλει καὶ ὃ θέλει ἔχει οὐδὲν τῶν ἔξωθεν εἰς ἑαυτὴν δεχομένη. Cf. Zeller, Die Philosophie der Griechen, 2. Aufl. Leipzig 1868 p. 429 ff.
6) Eucken, Lebensansch. p. 249.

Kirchenvater eifrig bemüht, von Gott jede anthropomorphe Vorstellung abzuwehren. Er betont ausdrücklich, dass die Gottheit, weit entfernt von menschlichen Eigenschaften, ein anderes Leben als die Menschen führe,[1]) dass ihr ein „Wirken" nach Analogie des Menschen nicht zuzuschreiben sei.[2]) In der positiven Bestimmung dieser göttlichen ἐνέργεια aber begegnen wir bei ihm einem auffallenden Schwanken in der Begriffsfassung: ein Umstand, welcher seiner Gottesidee bald ein mehr spekulatives, bald ein mehr religiös sittliches Gepräge giebt.

Als christlicher Kirchenvater macht der Nyssener die ethischen Prädikate Gottes, wie sie auf Grund der h. Schrift gedacht werden, zum Ausgangspunkt seiner Erörterungen. Die Güte, Weisheit, Macht und Gerechtigkeit des höchsten Wesens treten hier wieder in den Vordergrund seines Interesses. Er sucht nach einer höheren Einheit dieser Prädikate und findet sie in der Bezeichnung der einen göttlichen Natur, welcher alle Namen in gleicher Weise dienen.[3]) So werden auch die ὀνόματα mit den ἐνέργειαι identifiziert, die verschiedenen Prädikate fallen unter den Begriff des göttlichen Allwirkens:[4]) Die religiös sittliche Fassung des Gottesbegriffs wird verschlungen in den Sieg einer metaphysischen Spekulation, welche in dem mystischen Gefühl der göttlichen Alleinheit

---

1) T. III, p. 222c. Ἡ γὰρ ὑπεράνω παντὸς νοήματος φύσις, πόρρω τῶν ἐν ἡμῖν θεωρουμένων ἀφιδρυμένη, ἄλλῳ τινὶ τρόπῳ τὴν ἰδίαν ἐξοδεύει ζωήν.

2) T. I, c. 6. p. 54 u. 55. Καί με μηδεὶς οἰέσθω καθ᾽ ὁμοιότητα τῆς ἀνθρωπίνης ἐνεργείας ἐν διαφόροις δυνάμεσι τὸ θεῖον λέγειν τῶν ὄντων ἐφάπτεσθαι. Οὐ γάρ ἐστι δυνατὸν ἐν τῇ ἁπλότητι τῆς θειότητος τὸ ποικίλον τε καὶ πολυειδὲς τῆς ἀντιληπτικῆς ἐνεργείας κατανοῆσαι.

3) T. III, p. 9d. Πάντα γὰρ θεοπρεπῆ ὀνόματά τε καὶ νοήματα ὁμοτίμως ἔχει πρὸς ἄλληλα τῷ μηδὲν περὶ τὴν τοῦ ὑποκειμένου διαφωνεῖν σημασίαν. Οὐ γὰρ ἐπ᾽ ἄλλο τι ὑποκείμενον χειραγωγεῖ τὴν διάνοιαν ἡ τοῦ ἀγαθοῦ προσηγορία, ἐφ᾽ ἕτερον δὲ ἡ τοῦ σοφοῦ καὶ τοῦ δυνατοῦ καὶ τοῦ δικαίου, ἀλλ᾽ ὅσαπερ εἴπῃς ὀνόματα, ἓν διὰ πάντων ἐστὶ τὸ σημαινόμενον.

4) T. III, p. 13c. Εὐεργέτην γὰρ καὶ κριτήν, ἀγαθόν τε καὶ δίκαιον, καὶ ὅσα ἄλλα τοιαῦτα μαθόντες ἐνεργειῶν διαφορὰς ἐδιδάχθημεν, τοῦ δὲ ἐνεργοῦντος τὴν φύσιν οὐδὲν μᾶλλον διὰ τῆς τῶν ἐνεργειῶν κατανοήσεως ἐπιγνῶναι δυνάμεθα.

dem Faust vergleichbar nach Worten ringt, um das höchste Wesen würdig bezeichnen zu können, und es bald Gottheit bald Vernunft, Kraft, Weisheit oder anders benennen will.¹)

Mit dieser nach der Seite der Mystik hinneigenden spekulativen Gottesanschauung kreuzt sich die andere Betrachtungsweise, welche die Gottesidee mehr unter den Gesichtspunkt des positiven Christentums stellt. Hier überwiegt die moralische Auffassung Gottes als einer absoluten Persönlichkeit. So schildert Gregor das höchste Wesen als den Ewigen und Unveränderlichen,²) als den allmächtigen Weltregierer, von dessen Willen alles abhängt,³) als den Allgegenwärtigen und Allwissenden, welcher das All gleichmässig umschliesst und durchdringt⁴) und alles sieht, besonders die Thaten, Worte und Gedanken der Menschen.⁵) Aber unser Kirchenvater scheut sich auch nicht, sich zum Beispiel mit dem spitzfindigen theologischen Problem abzugeben, welches auch Männer wie Athenagoras und Hieronymus beschäftigt hat: wie sich nämlich in Gott das Verhältnis von Macht und Willen ge-

---

1) T. III, p. 93 d — 94 a. $\mathring{A}ν$ τοίνυν λογίσῃ τῶν ἐπουρανίων ἢ τῶν ὑποχθονίων ἢ τῶν καθ' ἑκάτερον τοῦ παντὸς περάτων τὴν σύστασιν, πανταχοῦ τῷ λογισμῷ σου προαπαντᾷ ἡ θεότης, μόνη κατὰ πᾶν μέρος τοῖς οὖσιν ἐνθεωρουμένη καὶ ἐν τῷ εἶναι τὰ πάντα συνέχουσα. Εἴτε δὲ θεότητα τὴν φύσιν ταύτην ὀνομάζεσθαι χρὴ εἴτε λόγον εἴτε δύναμιν εἴτε σοφίαν εἴτε ἄλλο τι τῶν ὑψηλῶν τε καὶ μᾶλλον ἐνδείξασθαι δυναμένων τὸν ὑπερκείμενον, οὐδὲν ὁ λόγος ἡμῶν περὶ φωνῆς ἢ ὀνόματος ἢ τύπου ῥημάτων διαφέρεται.

Man vergleiche hiermit den Gedanken, welchen Goethe dem Faust in den Mund legt:

    Erfüll' davon dein Herz, so gross es ist,
    Und wenn du ganz in dem Gefühle selig bist,
    Nenn' es dann, wie du willst,
    Nenn's Glück! Herz! Liebe! Gott!
    Ich habe keinen Namen
    Dafür! Gefühl ist alles;
    Name ist Schall und Rauch.

2) T. I, p. 736 b. T. III, p. 78 c.
3) T. I, p. 721 c; 734 b.
4) T. I, p. 755 c. T. III, p. 87 b.
5) T. I, p. 760 a.

stalte: ob Gott nur das könne, was er wolle, so dass seine Macht
so gross sei wie sein Wille, oder ob Gott auch das Unbegrenzte könne und was er niemals zu thun beschlossen habe.
Für ihn entscheidet sich die Streitfrage in der Weise, dass er
erklärt: Ἐπὶ τῆς θείας φύσεως σύνδρομός ἐστι τῇ βουλήσει
ἡ δύναμις καὶ μέτρον τῆς δυνάμεως τοῦ θεοῦ τὸ θέλημα
γίνεται.[1])

In diesem Zusammenhange vertauscht auch der Begriff der ἐνέργεια die Bedeutung des göttlichen Allwirkens unvermerkt mit derjenigen einer bewussten
Thätigkeit und leitet damit zu einer mehr religiös sittlichen Bedeutung der göttlichen Prädikate über, sofern
diese der Ausdruck eines erfahrbaren Wirkens der
weltüberlegenen Gottheit sind. Insbesondere erhält hier das
Wort θεός selbst die Bedeutung einer ἐνέργεια θεατική,
gemäss welcher Gott alles übersieht und alles beaufsichtigt.[2])
So erscheint der Name θεός sowohl als Prädikat der göttlichen
Natur wie als Thätigkeit des höchsten sittlichen Wesens, ein
Umstand, welcher bei Gregor zu zwei Gedankenreihen führt, die
unausgeglichen nebeneinander herlaufen.

Sobald er nämlich ersteres betont, so liegt darin ausgesprochen,
dass die göttliche Natur, wie überhaupt nicht durch Namen, so auch
durch den Ausdruck θεός nicht bezeichnet werden kann;[3])

---

1) T. I, p. 6b. Cf. S. P. Heyns, Disputatio hist.-theol. de Gregorio
Nysseno, Leyden 1835 p. 91 ff., wo sich eine ausführliche Darstellung der göttlichen Eigenschaften nach ihrer theologischen
Seite hin befindet.

2) T. III, p. 19c—20a. Ἐπεὶ τοίνυν τὰς ποικίλας τῆς ὑπερκειμένης
δυνάμεως ἐνεργείας κατανοοῦντες ἀφ' ἑκάστης τῶν ἡμῖν γνωρίμων ἐνεργειῶν τὰς προσηγορίας ἁρμόζομεν, μίαν δὲ καὶ ταύτην
εἶναι τὴν ἐνέργειαν τὴν ἐποπτικὴν καὶ ὁρατικὴν καὶ ὡς ἄν τις
εἴποι θεατικήν, καθ' ἣν τὰ πάντα ἐφορᾷ καὶ ἐπὶ τὰ ἀθέατα
τῇ θεωρητικῇ δυνάμει διαδυόμενος, ὑπειλήφαμεν ἐκ τῆς θέας
τὴν θεότητα παρωνομάσθαι καὶ τὸν θεατὴν ἡμῶν θεὸν
ὑπό τε τῆς συνηθείας καὶ τῆς τῶν γραφῶν διδασκαλίας προσαγορεύεσθαι. Cf. T. III, p. 13b. T. II, p. 83d u. ö.

3) T. III, p. 25a. Ὡς ἂν οὖν διαμένοι ἐπὶ τῆς θείας φύσεως τοῦ
ἀορίστου ἡ ἔννοια, ὑπὲρ πᾶν ὄνομά φαμεν εἶναι τὸ θεῖον. Ἡ δὲ
θεότης ἓν τῶν ὀνομάτων ἐστίν. Οὐκοῦν οὐ δύναται τὸ αὐτὸ
καὶ ὄνομα εἶναι καὶ ὑπὲρ πᾶν ὄνομα νομίζεσθαι.

daher bekämpft er ausdrücklich die allgemeine Ansicht, dass das Wort θεός ein Eigenname sei.[1]) Andererseits geht er von dem Gedanken aus, dass ebendasselbe Wort eine göttliche Thätigkeit bezeichne, und in diesem Zusammenhange erklärt der Nyssener diese Thätigkeit geradezu für eine Eigenschaft des ewigen Wesens[2]) und wird nun zu der Behauptung gedrängt, dass der Ausdruck „Gott" die Bedeutung eines Eigennamens habe.[3])

Man sieht bei dieser Gegenüberstellung völlig entgegengesetzter Resultate, dass zwei Seelen in der Brust Gregors wohnen. Während sein spekulatives Interesse sich bemüht, im Anschluss an die neuplatonische Philosophie die Absolutheit Gottes zu betonen, sie über alles Endliche und Menschliche weit hinauszurücken und alle Prädikate in dem Begriff eines göttlichen Allwirkens aufgehen zu lassen, verlangt sein religiöser Glaube nicht minder nach einem persönlichen Gott, welcher sich durch sein persönliches Wirken den Menschen offenbart. Wir sahen, dass beide Anschauungsweisen durch das Band der ἐνέργεια mit ihrem Doppelsinn zusammengehalten werden.[4])

---

1) T. III, p. 18 c—d. Δοκεῖ μὲν οὖν τοῖς πολλοῖς ἰδιαζόντως κατὰ τῆς φύσεως ἡ φωνὴ τῆς θεότητος κεῖσθαι, καὶ ὥσπερ ἢ ὁ οὐρανὸς ἢ ὁ ἥλιος ἢ ἄλλο τι τῶν τοῦ κόσμου στοιχείων ἰδίαις φωναῖς διασημαίνεται ταῖς τῶν ὑποκειμένων σημαντικαῖς, οὕτω φασὶ καὶ ἐπὶ τῆς ἀνωτάτω καὶ θείας φύσεως ὥσπερ τι κύριον ὄνομα προσφυῶς ἐφηρμόσθαι τῷ δηλουμένῳ τὴν φωνὴν τῆς θεότητος.

2) T. II, p. 83 d. Ἔστι γὰρ ἰδίωμα τῆς ἀϊδίου οὐσίας τὸ πάντα ἐποπτεύειν καὶ θεωρεῖν καὶ γινώσκειν καὶ αὐτὰ τὰ κρύφια.

3) Daselbst. Ἐντεῦθεν εἰλημμένον τὸ θεός ὄνομα κυρίως λεγόμενον σημαίνει τὴν οὐσίαν ἐκείνην.

4) Diesen Begriff, welcher bei Aristoteles zuerst vorkommt und dort eine so grosse Rolle spielt, scheint Gregor aus der Philosophie Plotins herübergenommen zu haben, wo er sich oft (Zeller, Die Philosophie der Griechen, 3. Aufl. Leipzig 1881 III, 2. p. 494 ff.) im Sinne des göttlichen Allwirkens findet. Nach Analogie von Phil. 3, 21. Eph. 1, 19 ff; 3, 7. Kol. 1, 29; 2, 12 geht dieser Ausdruck dann in die Bedeutung einer bewussten Thätigkeit des weltüberlegenen Gottes über. Wir finden also recht eigentlich in diesem Worte eine Synthese neuplatonischer und altchristlicher Gedanken, und da der Uebergang der einen Bedeutung in die andere oft fliessend ist, so ist es an Stellen wie T. I, p. 844 c: Ὁ γὰρ τῇ φύσει ἀόρατος ὁρατὸς ταῖς ἐνεργείαις γίνεται ἔν τισι τοῖς περὶ αὐτὸν καθορώμενος sehr schwierig, sich für die eine oder andere Fassung zu entscheiden.

Dass Gregors Gottesidee durch die Einführung dieses Begriffes an Klarheit gewönne, kann freilich ebensowenig behauptet werden, wie verkannt werden darf, dass sich hierin unserm Kirchenvater für die philosophische Rechtfertigung der kirchlichen Trinitätslehre ein treffliches Mittel darbot, um die metaphysischen Spekulationen des Dogmas mit den Aussagen der h. Schrift in Einklang zu bringen.

In dem kirchlichen Trinitätsdogma, dessen philosophische Rechtfertigung ihm auf dem zweiten Konzil zu Nicaea 787 den ehrenden Beinamen des Vaters der Väter einbrachte[1]), geht Gregor von dem Grundsatz aus, dass man die göttliche Natur, welche sich der Erkenntnis entziehe, mittels einzelner Kennzeichen näher bestimmen müsse. Es kommt ihm darauf an, nachzuweisen, dass Vater, Sohn und h. Geist in ihren ἐνέργειαι, welche die h. Schrift von ihnen aussage, identisch seien.[2]) Aus der Identität der ἐνέργειαι will er dann auf die Einheit der göttlichen Natur schliessen.[3]) Indem er so gewisse Aussagen z. B. die Thätigkeit der Heiligung, Belebung, Erleuchtung, Tröstung, welche die heil. Schrift in gleicher Weise jeder Person zuschreibt,[4]) im spekulativen Sinne verwertet, d. h. dieselben als ἐνέργειαι der einen göttlichen Natur fasst, findet die zu seiner Zeit viel umstrittene Frage nach der Gottheit des h. Geistes darin ihre einfache Beantwortung, dass aus der Identität der göttlichen ἐνέργειαι die Einheit der

1) Rupp, Gregors, des Bischofs von Nyssa, Leben und Meinungen, Leipzig 1834 p. 243.
2) T. III, p. 11b—c. Ἐπειδὴ δὲ ἡ μὲν (sc. θεία φύσις) ὑψηλοτέρα τῆς τῶν ζητούντων ἐστὶ κατανοήσεως, ἐκ δὲ τεκμηρίων τινῶν περὶ τῶν διαφευγόντων τὴν μνήμην ἡμῶν λογιζόμεθα, ἀνάγκη πᾶσα διὰ τῶν ἐνεργειῶν ἡμᾶς χειραγωγεῖσθαι πρὸς τὴν τῆς θείας φύσεως ἔρευναν. Οὐκοῦν ἐὰν ἴδωμεν διαφερούσας ἀλλήλων τὰς ἐνεργείας τὰς παρὰ τοῦ πατρός τε καὶ υἱοῦ καὶ τοῦ ἁγίου πνεύματος ἐνεργουμένας, διαφόρους εἶναι καὶ τὰς ἐνεργούσας φύσεις ἐκ τῆς ἑτερότητος τῶν ἐνεργειῶν στοχασόμεθα.
3) T. III, p. 11c. Ἐὰν δὲ μίαν νοήσωμεν τὴν ἐνέργειαν πατρός τε καὶ υἱοῦ καὶ πνεύματος ἁγίου ἐν μηδενὶ διαφέρουσάν τι ἢ παραλλάσσουσαν, ἀνάγκη τῇ ταυτότητι τῆς ἐνεργείας τὸ ἡνωμένον τῆς φύσεως συλλογίζεσθαι.
4) T. III, p. 11c-d. Ἁγιάζει καὶ ζωοποιεῖ καὶ φωτίζει καὶ παρακαλεῖ καὶ πάντα τα τοιαῦτα ὁμοίως ὁ πατὴρ καὶ υἱὸς καὶ τὸ πνεῦμα τὸ ἅγιον.

Natur folge.¹) Da vollends nach der Ueberzeugung Gregors der Ausdruck „Gottheit" eben nur eins von den vielen Prädikaten ist, welche sämtlich der Bezeichnung der einen göttlichen Natur dienen, so sieht unser Kirchenvater nicht ein, warum man dem h. Geist alle übrigen Prädikate zugestehen, das der „Gottheit" aber absprechen will²), um so weniger, als er aus Stellen der h. Schrift nachzuweisen sucht, dass der Name „Gott" überhaupt vor anderen Benennungen keinen Vorzug habe.³) So erscheint schliesslich jedwede göttliche ἐνέργεια als ausgehend vom Vater, durch den Sohn vorwärtsschreitend und im h. Geiste sich vollendend.⁴)

In der Darlegung dieser Homousie des Vaters, Sohnes und h. Geistes sieht der Nyssener das Wesen der Trinität, jedoch ohne deshalb den Unterschied der Personen preiszugeben. Sie unterscheiden sich nämlich von einander wie Ursache und Wirkung, und letztere scheidet sich wieder in die unmittelbare und mittelbare, sofern der Sohn unmittelbar, der h. Geist mittelbar durch den Sohn aus dem Vater hervorgeht.⁵)

---

1) T. III, p. 13a. Τί ἐκ τούτων ἀποδείκνυται ἢ ὅτι οὐδεμιᾶς ἐνεργείας τῆς παρὰ πατρὸς καὶ υἱοῦ ἐνεργουμένης τὸ ἅγιον πνεῦμα διακεχώρισται; Οὐκοῦν ἡ τῆς ἐνεργείας ταυτότης ἐπὶ πατρός τε καὶ υἱοῦ καὶ ἁγίου πνεύματος δείκνυσι σαφῶς τὸ τῆς φύσεως ἀπαράλλακτον.

2) T. III, p. 10a. Ἐπεὶ δὲ πάντα τὰ ὀνόματα τῇ θείᾳ φύσει ἐπιλεγόμενα ἰσοδυναμεῖ ἀλλήλοις κατὰ τὴν τοῦ ὑποκειμένου ἔνδειξιν, ἄλλα κατ' ἄλλην ἔμφασιν ἐπὶ τὸ αὐτὸ τὴν διάνοιαν ὁδηγοῦντα, τίς ὁ λόγος τὴν ἐν τοῖς ἄλλοις ὀνόμασι κοινωνίαν πρὸς πατέρα τε καὶ υἱὸν συγχωροῦντας τῷ πνεύματι μόνῃς ἀλλοτριοῦν αὐτὸ τῆς θεότητος;

3) T. III, p. 10d. Καὶ πολλὰ τοιαῦτα ἔστι συλλεξάμενον ἐκ τῶν θείων παραθέσθαι γραφῶν, ὅτι τὸ ὄνομα τοῦτο (sc. τῆς θεότητος) οὐδὲν ὑπὲρ τὰς λοιπὰς τὰς θεοπρεπεῖς προσηγορίας πρωτεύει, ὅτι καθὼς εἴρηται καὶ ἐπὶ τῶν ἀπεμφαινόντων ὁμωνύμως παρὰ τῆς γραφῆς λέγεται.

4) T. III, p. 22a. Πᾶσα ἐνέργεια ἡ θεόθεν ἐπὶ τὴν κτίσιν διήκουσα καὶ κατὰ τὰς πολυτρόπους ἐννοίας ὀνομαζομένη ἐκ πατρὸς ἀφορμᾶται καὶ διὰ τοῦ υἱοῦ πρόεισι καὶ ἐν τῷ πνεύματι τῷ ἁγίῳ τελειοῦται.

5) T. III, p. 27a—b. Τὸ ἀπαράλλακτον τῆς φύσεως ὁμολογοῦντες τὴν κατὰ τὸ αἴτιον καὶ αἰτιατὸν διαφορὰν οὐκ ἀρνούμεθα, ἐν ᾧ μόνῳ διακρίνεσθαι τὸ ἕτερον τοῦ ἑτέρου καταλαμβάνομεν, τῷ τὸ μὲν αἴτιον πιστεύειν εἶναι, τὸ δὲ ἐκ τοῦ αἰτίου, καὶ τοῦ ἐξ αἰτίας ὄντος πάλιν ἄλλην διαφορὰν ἐννοοῦμεν. Τὸ μὲν γὰρ προσεχῶς

Interessant sind ferner seine Versuche, das trinitarische Verhältnis durch Analogieen klar zu machen. So führt ihn die Logosidee dazu, in der menschlichen Natur ein Abbild der göttlichen, im menschlichen Wort (Logos) ein Abbild des göttlichen Wortes zu sehen.[1]) Wie das Wort im Verstande seinen Ursprung hat und deshalb ebenso wenig mit ihm identisch als von ihm verschieden ist (sofern das Wort eine Offenbarung des Verstandes ist), so hat auch der göttliche Logos, welcher jetzt die Bedeutung des Sohnes erhält, eine selbständige Existenz (ὑπόστασιν ἔχει), ist aber seiner Natur nach eins mit dem Vater, sofern er die gleichen Merkmale wie dieser trägt.[2])

Dieselbe quaternio terminorum liegt vor, wenn Gregor weiter den h. Geist mit dem menschlichen Odem vergleicht, da beides durch den Ausdruck πνεῦμα bezeichnet wird. Gleich dem menschlichen Wort darf auch dem göttlichen Logos das πνεῦμα nicht fehlen,[3]) welches sich im Uebrigen der Nyssener wie den Logos als substantielle Macht (δύναμις οὐσιώδης) denkt.[4])

Auch bei der Bestimmung des Verhältnisses der drei Personen zu der göttlichen Natur bedient sich unser Kirchenvater menschlicher Analogieen. Wie man wohl von verschiedenen menschlichen Personen rede, aber nur von einer Menschheit, welcher dieselben angehören, so komme auch nur eine göttliche Natur den drei Hypostasen zu.[5]) Gegenüber dem steten Wechsel der menschlichen Individuen wird das gegenseitige Verhältnis und die Zahl der Personen in der Gottheit für konstant erklärt.[6])

ἐκ τοῦ πρώτου, τὸ δὲ διὰ τοῦ προσεχῶς ἐκ τοῦ πρώτου, ὥστε καὶ τὸ μονογενὲς ἀναμφίβολον ἐπὶ τοῦ υἱοῦ μένειν, καὶ τὸ ἐκ τοῦ πατρὸς εἶναι τὸ πνεῦμα μὴ ἀμφιβάλλειν, τῆς τοῦ υἱοῦ μεσιτείας καὶ αὐτῷ τὸ μονογενὲς φυλαττούσης, καὶ τὸ πνεῦμα τῆς φυσικῆς πρὸς τὸν πατέρα σχέσεως μὴ ἀπειργούσης.

1) T. III, p. 46a. Ὥσπερ ἡ ἡμετέρα φύσις ἐπίκηρος οὖσα καὶ ἐπίκηρον τὸν λόγον ἔχει. οὕτως ἡ ἄφθαρτος καὶ ἀεὶ ἑστῶσα φύσις ἀίδιον ἔχει καὶ ὑφεστῶτα τὸν λόγον.
2) T. III, p. 47 c–d.
3) T. III, p. 48b. Ἐπὶ δὲ τῆς θείας φύσεως τὸ μὲν εἶναι πνεῦμα θεοῦ εὐσεβὲς ἐνομίσθη, καθὼς ἐδόθη καὶ λόγον εἶναι θεοῦ, διὰ τὸ μὴ δεῖν ἐλλιπέστερον τοῦ ἡμετέρου λόγον τὸν τοῦ θεοῦ εἶναι λόγον, εἴπερ τούτον μετὰ πνεύματος θεωρουμένον ἐκεῖνος δίχα πνεύματος εἶναι πιστεύοιτο.
4) T. III, p. 48d.
5) T. III, p. 25 d ff; 16c ff. T. II, p. 84b ff.    6) T. III, p. 49a.

Aber trotz aller dieser Versuche, das Trinitätsdogma dem Verstande begreiflich zu machen, ist sich Gregor doch voll bewusst, nur eine geringe Erkenntnis Gottes zu besitzen, ja er erklärt es für unmöglich, „die unbeschreibliche Tiefe des Geheimnisses durch Worte deutlich zu machen."[1]

Wir dürfen indessen von dem trinitarischen Gottesbegriff nicht scheiden, ohne eine gelegentliche Aeusserung Gregors berücksichtigt zu haben, in welcher er die Frage vor seinem philosophischen Gewissen zu beantworten sucht, warum der eine Gott sich überhaupt in drei Personen offenbare. Er ist nämlich von der Ueberzeugung durchdrungen, dass die h. Schrift die Wahrheit den Menschen oft nur in menschlichen Ausdrücken und menschlichen Bildern nahe bringen könne, und vergleicht sie deshalb mit einer guten Amme, sofern sie die Menschen für ihre Kinder hält und bisweilen mit ihnen stammelt.[2] So schreibt dieselbe Gott Augen und Ohren und sogar andere Körperteile zu, ohne die absolute Geistigkeit Gottes zu verkennen.[3] In ähnlicher Weise, glaubt unser Kirchenvater, akkommodiere sie sich auch der grossen Menge „zu Nutz und Frommen der Schwächeren", wenn sie von drei Personen rede, während er in der Betonung der Einheit Gottes die tiefere Wahrheit sieht.[4]

[1] T. III, p. 49a.
[2] T. II, p. 86a—b. Εἰ δὲ βούλεται ὁ τοιαῦτα λέγων μαθεῖν τὸ ἀληθές, γινωσκέτω ὡς τρεῖς λέγει ἡ γραφὴ καίπερ ἕνα ἄνθρωπον τοὺς σύμπαντας γινώσκουσα κατὰ τό, Ἄνθρωπος, ὡσεὶ χόρτος αἱ ἡμέραι αὐτοῦ, οἷα τροφὸς ἀγαθὴ καὶ ἴδια βρέφη τοὺς ἀνθρώπους λογιζομένη καὶ ἐνίοτε αὐτοῖς συμψελλίζουσα καὶ χρωμένη ὁμοίως ἐκείνοις τῶν ὀνομάτων τισὶν οὐ παραγινώσκουσα τὸ τέλειον.
[3] T. II, p. 86b—c. Ἡ αὐτὴ γὰρ καὶ ὦτα καὶ ὀφθαλμοὺς καὶ λοιπὰ δὴ μόρια σώματος ἔχειν λέγουσα τὸν θεὸν οὐ δόγμα τὸ τοιοῦτο παραδίδωσι σύνθετον ὁριζομένη τὸ θεῖον, ἀλλὰ κατὰ τὸν εἰρημένον τρόπον ἐκ μεταφορᾶς τῶν ἡμετέρων πρὸς ἀναγωγὴν τῶν μὴ ἀμέσως ἐπὶ τὰ ἀσώματα χωρεῖν δυναμένων τὰ δόγματα ἐκτίθεται, πνεῦμα λέγουσα τὸν θεὸν εἶναι καὶ πανταχοῦ ἔνθα τις πορευθείη παρεῖναι τὸ ἁπλοῦν αὐτοῦ καὶ ἀπερίγραφον ἡμᾶς ἐκδιδάσκουσα.
[4] T. II, p. 86c—d. Οὕτω καὶ τρεῖς ἄνδρας λέγουσα διὰ συνήθειαν, ἵνα μὴ ξενίζῃ τὸ κοινὸν καὶ ἐν χρήσει τῶν πολλῶν ὑπάρχον, καὶ ἕνα φησὶ δι' ἀκρίβειαν, ἵνα μὴ παρασαλεύῃ τὸ τέλος καὶ ἐν τῇ φύσει τῶν πραγμάτων θεωρουμένη. Καὶ τὸ μὲν ἡγούμεθα

## II. Die Gotteserkenntnis.

Für das religiöse Verhältnis des Menschen zu Gott ist bei Gregor von Nyssa charakteristisch die tiefe Sehnsucht des Kirchenvaters, welche er mit Plotin[1]) teilt, nach einer vollkommenen Einigung mit der Gottheit: weniger im moralischen Sinne einer persönlichen Lebensgemeinschaft mit dem Höchsten, als in der metaphysischen Bedeutung der Aufhebung jedes Unterschiedes zwischen Mensch und Gott, des völligen Aufgehens der menschlichen Seele in der göttlichen Natur.

Aber nicht nur das Ziel der unmittelbaren Gotteserkenntnis ist das gleiche, sondern auch hinsichtlich des Weges, der zu diesem Ziele führt, wandelt er vielfach durchaus in den Spuren des Neuplatonismus, und bis in die Form der Ausdrucksweise hinein lässt sich die Abhängigkeit von jenem verfolgen.

So spielt in diesem Zusammenhange bei Plotin der Begriff der $\varkappa\acute{a}\vartheta\alpha\varrho\sigma\iota\varsigma$ eine grosse Rolle. Um das höchste Ziel, die Einigung mit der Gottheit erreichen zu können, erscheint hier als die nächste Aufgabe des Lebens die Abkehr vom Sinnlichen und Körperlichen. Wenn er gleichwohl einer eigentlichen Askese nicht das Wort redet, sondern im grossen Stile die $\varkappa\acute{a}\vartheta\alpha\varrho\sigma\iota\varsigma$ fasst als „Reinigung des Wesens, als Abwendung aller Interessen vom Aeusseren, als gänzliche Wendung des Willens nach Innen",[2]) so bleibt doch für seine moralische Auffassung charakteristisch, dass er von einer Reinigung der Seele selbst, von einer inneren Umwandlung des geistigen Wesens, wie sie das Christentum fordert, nichts weiss. Da die Seele als solche nach Plotin unbefleckt ist, so gilt es nur, die sinnliche Neigung zu ertöten, damit sie in ihrer ursprünglichen Reinheit und Schönheit dastehe, sich mit der Gottheit vereine.[3])

$\sigma\upsilon\gamma\varkappa\alpha\tau\acute{\alpha}\beta\alpha\sigma\iota\nu$ $\dot{\epsilon}\pi\grave{\iota}$ $\chi\varrho\eta\sigma\acute{\iota}\mu\omega$ $\varkappa\alpha\grave{\iota}$ $\sigma\upsilon\mu\varphi\acute{\epsilon}\varrho o\nu\tau\iota$ $\tau\widetilde{\omega}\nu$ $\nu\eta\pi\iota\omega-\delta\epsilon\sigma\tau\acute{\epsilon}\varrho\omega\nu$ $\gamma\epsilon\gamma\epsilon\nu\eta\mu\acute{\epsilon}\nu o\nu$, $\tau\grave{o}$ $\delta\grave{\epsilon}$ $o\varrho\iota\zeta\acute{o}\mu\epsilon\vartheta\alpha$ $\delta\acute{o}\gamma\mu\alpha$ $\dot{\epsilon}\pi\grave{\iota}$ $\beta\epsilon\beta\alpha\iota\acute{\omega}\sigma\epsilon\iota$ $\varkappa\alpha\grave{\iota}$ $\pi\alpha\varrho\alpha\delta\acute{o}\sigma\epsilon\iota$ $\tau\widetilde{\eta}\varsigma$ $\tau\epsilon\lambda\epsilon\iota\acute{o}\tau\eta\tau o\varsigma$ $\dot{\epsilon}\varkappa\tau\iota\vartheta\acute{\epsilon}-\mu\epsilon\nu o\nu$.

1) Zeller, Die Philosophie der Griechen, 3. Aufl. Leipzig 1881 III, 2. p. 273.
2) Eucken, Lebensansch. p. 241.
3) Die menschliche Seele gilt Plotin als gleichen Wesens mit Gott ($\dot{o}\mu oo\acute{v}\sigma\iota o\varsigma$, ein Ausdruck, welcher im christlichen Trinitätsdogma eine so grosse Rolle spielt).

Aehnliche Gedanken kehren auch bei unserm Kirchenvater wieder. Wenn er von einer Reinigung der Seele vom leidenschaftlichen Hange zu dem Niedrigen ($ἡ\ τῶν\ ταπεινῶν\ προσπάθεια$) spricht,[1]) von einer Ablegung des Fremdartigen ($ἀπόθεσις\ τοῦ\ ἀλλοτρίου$),[2]) von einer Erhebung der Seele über alles Gemeine und Niedrige[3]), von einer Verbindung ($συναφθῆναι$) derselben mit Gott,[4]) so redet zu uns ungleich mehr der neuplatonische Philosoph als der christliche Kirchenvater.

Weiter klingt der Plotin'sche Gedanke der absoluten Abstraktion von allem Aeusseren und der Zurückziehung des Menschen auf sich selbst, der Selbstvertiefung der menschlichen Seele[5]) wieder in den Worten Gregors, wenn er die Erkenntnis Gottes von der Bedingung abhängig macht, dass der Geist sich nicht zerstreue und auf Vielerlei gelenkt werde.[6]) Die hohe Bedeutung ferner, welche bei Plotin (nach Platos Vorgang) der Idee des Schönen zukommt, sofern das sinnlich Schöne eine Stufenleiter bildet, auf welcher man zu der höheren und höchsten Schönheit aufsteigt,[7]) finden wir auch bei unserm Philosophen wieder. Er nennt die Gottheit nicht nur die einzige Schönheit, die Quelle alles Schönen und Guten,[8]) sondern er kennt auch geradezu — echt neuplatonisch! — ein allmähliches Emporsteigen von einer Schönheit zur anderen, bis zum Verlangen nach der höchsten

---

1) T. III, p. 144 d.
2) T. III, p. 149 b.
3) T. III, p. 145 c.
4) T. III, p. 146 c.
5) Eucken, Lebensansch. p. 241. Zeller, Die Philosophie der Griechen, 2. Aufl. p. 553: „Wenn die Seele jede Neigung zu dem Aeusseren und jede Vorstellung desselben entfernt, wenn sie sich von allem, was nicht sie selbst ist, in sich zurückzieht, dann ist sie, indem sie schlechthin in sich ist, zugleich unmittelbar in der Gottheit."
6) T. III, p. 134 c—d. $Τί\ οὖν\ ἐκ\ τούτων\ μανθάνομεν;\ τὸ\ καθ'\ ὁμοιότητα\ τῶν\ ἁγίων\ ἀνδρῶν\ μηδενὶ\ τῶν\ βιωτικῶν\ πραγμάτων\ προσασχολεῖν\ τὴν\ διάνοιαν\ τὸν\ ἐπιθυμοῦντα\ τῷ\ θεῷ\ συναφθῆναι.\ οὐδὲ\ γάρ\ ἐστι\ δυνατὸν\ τὸν\ εἰς\ πολλὰ\ τῇ\ διανοίᾳ\ διαχεόμενον\ πρὸς\ θεοῦ\ κατανόησιν\ καὶ\ ἐπιθυμίαν\ εὐθυπορῆσαι.$
7) Zeller, a. a. O. 3. Aufl. p. 601.
8) T. III, p. 147 a. ....$τὸ\ μόνον\ τῇ\ φύσει\ καλόν,\ ὅπερ\ ἐστὶ\ τὸ\ παντὸς\ καλοῦ\ τε\ καὶ\ ἀγαθοῦ\ αἴτιον.$

Schönheit,[1]) ja er gebraucht mit Vorliebe das Bild der Schönheit,
um die denkende Erhebung über die Welt hinaus zu schildern,
indem er alles, was er findet, als ein Kleineres hinter sich lässt
und erst dann zur Erkenntnis des Höchsten glaubt gelangt zu
sein, wenn er in das Absolute hineingetaucht ist, vom göttlichen
Lichte umstrahlt wird.[2])

Mit dieser mehr spekulativen Betrachtungsweise, welche
durch Abstraktion vom Sinnlichen und denkende Betrachtung
zur Erfassung des Unendlichen zu gelangen strebt, kreuzt sich
eine andere mehr vom Christentum beeinflusste Gedankenrichtung,
welche das hohe Ziel der unmittelbaren Gotteserkenntnis auf
anderem Wege zu erreichen sucht.

Hier betont Gregor als christlicher Kirchenvater vor allem die
Erfüllung der moralischen Aufgabe als Mittel zur Gottesanschauung.
So knüpft er die „Aufnahme Gottes" geradezu an die Bedingung
sittlicher Vollkommenheit, wenn es heisst: $\Lambda\alpha\mu\beta\acute{\alpha}\nu\epsilon\iota$ $\delta\acute{\epsilon}$ $\tau\iota\varsigma$ $\grave{\epsilon}\nu$
$\grave{\epsilon}\alpha\upsilon\tau\tilde{\wp}$ $\tau\grave{o}\nu$ $\vartheta\epsilon\grave{o}\nu$ $\acute{o}$ $\tau\grave{\eta}\nu$ $\varkappa\alpha\tau\grave{\alpha}$ $\tau\grave{o}$ $\mathring{\alpha}\gamma\alpha\vartheta\grave{o}\nu$ $\mathring{\alpha}\nu\alpha\lambda\alpha\beta\grave{\omega}\nu$ $\tau\epsilon\lambda\epsilon\iota\acute{o}\tau\eta\tau\alpha$.[3])
Ja er verheisst — unter Voraussetzung völliger Willensfreiheit[4])
— allen denen, die das Gute ernstlich wollen, ein unmittelbares
„himmlisches" Leben in Gott, wenn er sagt: $\,{\vphantom{E}}^{\prime}E\pi\epsilon\grave{\imath}$ $o\tilde{v}\nu$ $o\grave{v}\delta\epsilon\grave{\imath}\varsigma$
$\mathring{\epsilon}\pi\epsilon\sigma\tau\iota$ $\pi\acute{o}\nu o \varsigma$ $\grave{\epsilon}\lambda\acute{\epsilon}\sigma\vartheta\alpha\iota$ $\tau\grave{o}$ $\mathring{\alpha}\gamma\alpha\vartheta\acute{o}\nu$, $\tau\tilde{\wp}$ $\delta\grave{\epsilon}$ $\grave{\epsilon}\lambda\acute{\epsilon}\sigma\vartheta\alpha\iota$ $\varkappa\alpha\grave{\iota}$ $\tau\grave{o}$
$\tau\upsilon\chi\epsilon\tilde{\iota}\nu$ $\mathring{\epsilon}\pi\epsilon\tau\alpha\iota$ $\mathring{\tilde{\omega}}\nu$ $\tau\iota\varsigma$ $\pi\rho o\epsilon\acute{\iota}\lambda\epsilon\tau o$, $\mathring{\epsilon}\xi\epsilon\sigma\tau\acute{\iota}$ $\sigma o\iota$ $\epsilon\mathring{v}\vartheta\grave{v}\varsigma$ $\grave{\epsilon}\nu$ $\tau\tilde{\wp}$

1) T. III, p. 144c—145a. Οὐκοῦν αὕτη ἂν γένοιτο ἡμῖν ὁδὸς εἰς τὴν
τοῦ καλοῦ εὕρεσιν ἄγουσα, .... ὡς μήτε οὐρανοῦ ἀνθρώπου
κάλλος θαυμάσαι μήτε φωστῆρος αὐγὰς μήτε ἄλλο τι τῶν φαι-
νομένων καλῶν, ἀλλὰ διὰ τοῦ πᾶσι τούτοις ἐπιθεωρουμένου κάλλους χειραγωγεῖσθαι πρὸς τὴν ἐκείνου τοῦ κάλλους ἐπιθυμίαν,
ἧς καὶ οἱ οὐρανοὶ διηγοῦνται τὴν δόξαν. Cf. T. III, p. 146d.
2) T. III, p. 145a. Οὕτω γὰρ ἀνιοῦσα ἡ ψυχὴ καὶ πᾶν τὸ καταλαμ-
βανόμενον ὡς μικρότερον τοῦ ζητουμένου καταλιμπάνουσα γένοιτο ἂν ἐν περινοίᾳ τῆς μεγαλοπρεπείας ἐκείνης τῆς ὑπεράνω
τῶν οὐρανῶν ἐπηρμένης. — T. III, p. 145c. Παντὸς τοῦ κόσμου
γεγονὼς ὑψηλότερος ἐν τῷ προειρημένῳ πτερῷ ἐκεῖνος εὑρήσει
τὸν μόνον ἐπιθυμίας ἄξιον καὶ γενήσεται καὶ αὐτὸς καλὸς τῷ
καλῷ προσπελάσας καὶ ἐν αὐτῷ γεγονὼς λαμπρός τε καὶ φω-
τοειδὴς ἐν τῇ μετουσίᾳ τοῦ ἀληθινοῦ φωτὸς καταστήσεται.
3) T. I, p. 730b.
4) T. I, p. 819c. Οὐκοῦν μαθόντες διὰ τίνων ἥ τε κακία καὶ ὁ κατ'
ἀρετὴν μορφοῦται βίος, ἐξουσίας ἡμῖν πρὸς ἑκάτερον τούτων κατὰ τὸ αὐτεξούσιον τῆς προαιρέσεως προκειμέ-
νης, φύγωμεν etc.

οὐρανῷ εἶναι τὸν θεὸν ἐν τῇ διανοίᾳ λαβόντι.¹) Dieselbe „Aneignung Gottes" hat der Nyssener im Auge, wenn er sie abhängig macht von der menschlichen Lauterkeit und Unverdorbenheit²). In diesem Sinne redet er von einer „Vergottung" des Menschen nach Ablegung aller bösen Eigenschaften³), sieht er den Menschen durch Ausübung der Barmherzigkeit zu „Gott" werden⁴), lässt er ihn durch Reinheit des Lebens „aufgehen" in dem Wesen der Gottheit⁵).

Wir sehen: Auch in diesem Zusammenhange erstreckt sich das Interesse des Philosophen so wenig auf einen persönlichen Wechselverkehr zwischen Mensch und Gott, dass sich vielmehr selbst in der Auffassung der christlichen Vateridee Gottes bei ihm eine merkwürdige Wandlung vollzieht.

Bereits die Definition des Wortes „Vater" ist bezeichnend genug. Es heisst: ῾Η τοῦ πατρὸς φωνὴ τὴν αἰτίαν τοῦ ἐξ αὐτοῦ ὑποστάντος διασημαίνει.⁶) Hier ist nicht die Rede von jenem innigsten persönlichen Verhältnis des Menschen zu Gott, für welches das Christentum den Ausdruck „Vater" als ausschliessliche Bezeichnung gebraucht. Das Wort ist beibehalten, aber ein anderer Sinn ist demselben untergeschoben, sofern das religiöse Moment aus dem Begriffe völlig geschwunden ist. An seine Stelle ist eine metaphysische Auffassung des Vaterverhältnisses Gottes zum Menschen getreten.

Wenn trotz dieser Umbiegung der christlichen Vateridee Gottes unser Kirchenvater in seiner Erklärung des Vaterunser

---

1) T. I, p. 729 d.
2) T. III, p. 113 d. ... εἰς τὸ γενέσθαι αὐτοὺς κοινωνοὺς τῆς δόξης τοῦ μόνου ὡς ἀληθῶς ἁγίου καὶ ἀμώμου θεοῦ, διὰ καθαρότητος αὐτῷ καὶ ἀφθαρσίας οἰκειουμένους.
3) T. I, p. 752 b. Ὁ δὲ ἐκτὸς πάντων τῶν ἐκ κακίᾳ νοουμένων γενόμενος θεὶς τρόπον τινὰ διὰ τῆς τοιαύτης ἕξεως γίνεται, ἐκεῖνο κατορθώσας ἑαυτῷ ὃ περὶ τὴν θείαν φύσιν ὁ λόγος βλέπει. Cf. T. I, p. 800 d.
4) T. I, p. 801 a. Εἰ οὖν πρέπουσα τῷ θεῷ ἡ προσηγορία τοῦ ἐλεήμονος, τί ἄλλον καὶ οὐχὶ θεόν σε προσκαλεῖται γενέσθαι ὁ λόγος.
5) T. I, p. 817 c. ... τοῦ ἀνακραθῆναι πρὸς αὐτὸν διὰ τῆς κατὰ τὴν ζωὴν καθαρότητος.
6) T. I, p. 726 d.

an der Anrufung Gottes als Vater festhalten möchte, so lassen
sich hierbei deutlich zwei Gedankenreihen unterscheiden. Beiden
gemeinsam ist die Ueberzeugung, dass diese Anrede an
Gott nicht der unmittelbare, persönliche Ausdruck eines
schlechthin religiösen Gefühls sei. So finden wir es einerseits deutlich ausgesprochen, dass der Mensch ohne Weiteres
nicht berechtigt sei, Gott seinen Vater zu nennen;[1]) so führt die
starke Betonung der moralischen Aufgabe, welche sich unter
dem Einfluss des Christentums geltend macht, den Nyssener dazu,
von dieser die Nennung Gottes als Vater abhängig zu machen;[2]) so
erklärt er es schliesslich geradezu für gefahrvoll, bevor man seinen
Lebenswandel gereinigt hat, das Gebet zu „wagen" und Gott
seinen Vater zu nennen.[3]) Andererseits bestimmt aber auch hier
das neuplatonische Streben nach Einigung mit der Gottheit, nach
einem völligen Aufgehen des Menschen in dem Wesen des Höchsten
diesen ganzen Gedankenkreis, so dass Gregor erst in der mystischen
Einheit mit Gott den Mut zu der vertraulichen Anrede „Vater"
findet[4].)

Dieselbe Richtung der Gedanken auf das philosophische
Lebensideal der unmittelbaren Erkenntnis Gottes in Wesenseinigung mit ihm liegt vor, wenn der Nyssener von einem Nach-

---

1) T. I, p. 726 b. *Δῆλον γὰρ ὅτι, εἰ μετέχοι τινὸς διανοίας, οὐκ ἄν
θαρσήσειεν μὴ τὰ αὐτὰ καὶ ἐν ἑαυτῷ βλέπων ἐκείνην προέσθαι
πρὸς τὸν θεὸν τὴν φωνὴν καὶ εἰπεῖν, Πάτερ.*

2) T. I, p. 731 a. *Μηδέ σε καταστιζέτω τὰ τοιαῦτα πάθη, μὴ φθόνος μὴ τύφος μὴ ἄλλο τι τῶν μολυνόντων τὸ θεοειδὲς κάλλος.
Ἐὰν τοιοῦτος ᾖς, θάρσησον τῇ οἰκείᾳ φωνῇ τὸν θεὸν προσκαλέσασθαι καὶ πατέρα ἑαυτοῦ τὸν τοῦ παντὸς δεσπότην κατονομάσαι.*

3) T. I, p. 728 a—b. *Οὐκοῦν ἐπικίνδυνον πρὶν καθαρθῆναι τῷ βίῳ
τῆς προσευχῆς ταύτης κατατολμῆσαι καὶ πατέρα ἑαυτοῦ τὸν θεὸν
ὀνομάσαι.* Cf. T. I, p. 727 c; 731 a.

4) T. I, p. 725 c—726 a. *Τίς δώσει μοι τὰς πτέρυγας ἐκείνας πρὸς
τὸ δυνηθῆναι τῷ ὕψει τῆς τῶν ῥημάτων μεγαλοφυΐας συναναπτῆναι
κατὰ διάνοιαν, . . . . ὥστε πάντων τῶν ἀλλοιουμένων τε καὶ μεθισταμένων πόρρω τῇ διανοίᾳ γενόμενος ἐν ἀτρέπτῳ τε καὶ ἀκλινεῖ
τῇ τῆς ψυχῆς καταστάσει τὸν ἄτρεπτόν τε καὶ ἀναλλοίωτον διὰ
τῆς γνώμης πρότερον οἰκειώσασθαι, εἶθ' οὕτω τῇ οἰκειοτάτῃ
προσηγορίᾳ ἐπικαλέσασθαι καὶ εἰπεῖν, Πάτερ;* Cf. p. 14 Note 1.

ahmen und Anziehen der seligen Schönheit Gottes spricht,[1]) von einem Zuge der gottebenbildlichen Seele nach ihrem Urbild.[2]) Wenn vollends aber die Rede ist von einem „Schauen Gottes", so versteht der Philosoph darunter nicht den christlichen Gedanken einer auf sittlicher Grundlage basierenden persönlichen Lebensgemeinschaft mit dem Höchsten, für welche das „Schauen Gottes" (nach Mt. 5, 8) hienieden ein Bild ist, sondern er biegt denselben im neuplatonischen Sinne um, wenn er sagt: Ὁ πάσης τῆς κτίσεως καὶ ἐμπαθοῦς διαθέσεως τὴν ἑαυτοῦ καρδίαν ἀποκαθήρας ἐν τῷ ἰδίῳ κάλλει τῆς θείας φύσεως καθορᾷ τὴν εἰκόνα.[3]) So erscheint in diesem Zusammenhange das Ringen der Gotteserkenntnis nicht als ein im Grunde aussichtsloses Streben, Gott in seiner weltüberlegenen Hoheit und seiner unbegreiflichen Herrlichkeit zu erkennen, sondern es findet sein Mass und Ziel im Menschen selbst[4]): in der Reinheit seines Herzens. Erst durch sittliche Arbeit an sich selbst gelangt der Mensch zur wahren Gotteserkenntnis und Gottesanschauung. Erst dann ist er eins mit Gott, wenn auch von ihm das schöne Wort gilt: Καθαρότης γάρ, ἀπάθεια καὶ κακοῦ παντὸς ἀλλοτρίωσις ἡ θεότης ἐστίν. Εἰ οὖν ταῦτα ἐν σοί ἐστι, θεὸς πάντως ἐν σοί ἐστιν.[5])

Wir sehen: Neuplatonismus und Christentum reichen sich hier zu innigem Bunde die Hand. Als Christ betont Gregor die moralische Aufgabe, die Reinheit der Gesinnung, die sittliche Läuterung. Als Philosophen liegt ihm vor allem daran, das höchste

---

1) T. I, p. 767 a. Ἐν τῷ κατὰ φύσιν σοὶ καὶ δυνατῷ τὸν θεὸν μιμησάμενος τὴν μακαρίαν αὐτὸς ὑπέδυς μορφήν (sc. τῆς θεότητος).

2) T. III, p. 225 c. Ἐπεὶ οὖν ἑλκτικὴ τῶν οἰκείων πᾶσα φύσις ἐστίν, οἰκεῖον δέ πως τῷ θεῷ τὸ ἀνθρώπινον, ἅτε δὴ φέρον ἐν ἑαυτῷ τοῦ ἀρχετύπου μιμήματα, ἕλκεται κατὰ πᾶσαν ἀνάγκην πρὸς τὸ θεῖόν τε καὶ συγγενὲς ἡ ψυχή.

3) T. I, p. 815 b—c.

4) T. I, p. 815 c. Ὦ ἄνθρωποι, ὅσοις ἐστι τις ἐπιθυμία τῆς τοῦ ὄντως ἀγαθοῦ θεωρίας, ἐπειδὰν ἀκούσητε ὑπὲρ τοὺς οὐρανοὺς ἐπῆρθαι τὴν θείαν μεγαλοπρέπειαν καὶ τὴν δόξαν αὐτῆς ἀνερμήνευτον εἶναι καὶ τὸ κάλλος ἄφραστον καὶ τὴν φύσιν ἀχώρητον, μὴ ἐκπίπτετε εἰς ἀνελπιστίαν τοῦ μὴ δύνασθαι κατιδεῖν τὸ ποθούμενον. Τὸ γάρ σοι χωρητὸν τῆς τοῦ θεοῦ κατανοήσεως μέτρον ἐν σοί ἐστιν.

5) T. I, p. 816 b.

Wesen in unmittelbarer Erkenntnis zu erfassen, sich mit ihm zu einigen in der Einheit des Wesens. Der Gedanke der Immanenz des Göttlichen tritt hier stark in den Vordergrund, sofern der Philosoph dem Menschengeiste die Fähigkeit zuspricht, das Unendliche zu ergreifen, und das ganze Lebensideal darin sieht, dass der Mensch sich seiner Einheit mit Gott bewusst werde, dass er in der Tiefe des Gemüts sich eins fühle mit dem Höchsten. So ist hier so recht die Stätte für ein religiöses Gefühlsleben, ein Wegfallen jeder persönlichen Wechselbeziehung zwischen Mensch und Gott, was von jeher als Kennzeichen der Mystik gegolten hat.

Bei Plotin tritt die Mystik in der Form der Verzückung ($\check{\epsilon}\varkappa\sigma\tau\alpha\sigma\iota\varsigma$) auf. Nur im Zustande der Bewusstlosigkeit glaubt er in eine unmittelbare Berührung mit dem Göttlichen zu gelangen. Da wird die Seele plötzlich von dem höheren Lichte der Gottheit erfüllt und wird so eins mit dem Urwesen, dass jeder Unterschied zwischen ihm und ihr verschwindet.[1]) Plotin selbst hat sich in diesem merkwürdigen Zustande nach dem Zeugnis seines Schülers Porphyrius[2]) im Ganzen nur viermal befunden.

Aber soviel Krankhaftes und Phantastisches auch seine Ansichten über diese plötzliche Erleuchtung der Seele, ohne Vermittlung und Vorbereitung,[3]) enthalten mögen, so muss doch hervorgehoben werden, dass er der erste grosse Denker gewesen ist, bei welchem sich so die Idee des reinen Gemütes vorfindet. Aus Plotin schöpft alle Mystik im Mittelalter und in der Neuzeit.[4]) Wo immer ein religiöses Stimmungsleben aufkommt, wo immer der Mensch vom Göttlichen ergriffen wird, ohne sein Gefühl in

1) Ennead. V, 3, 17; VI, 9, 34.
2) Porphyr. vita Plot. c. 23.
3) Zeller, a. a. o. 2. Aufl. p. 553 ff.
4) Cf. Fr. Loofs, Dogmengeschichte, Halle 1889 p. 48 „Der Neuplatonismus ist bereits in seiner Plotin'schen Gestalt die Heimatstätte der Mystik ($\mu\acute{v}\epsilon\iota\nu$ = die Augen schliessen). Mystik ist daher ursprünglich und eigentlich diejenige Art der Frömmigkeit, welche durch vollkommnes Sichlösen aus den Zusammenhängen des materiellen Scheinseins kraft einer alsdann eintretenden, unmittelbaren Einwirkung Gottes auf den Menschengeist zur vollkommenen Einigung des endlichen Geistes mit dem all-einen Geist zu gelangen meint."

Worte fassen zu können, klingen dieselben Töne nach, welche zuerst Plotin angeschlagen.

So kann sich auch Gregor von Nyssa im Vollgefühl der göttlichen Nähe nicht genug thun in Worten, um seiner Stimmung Ausdruck zu geben. Aber wenn er es auch an sich selbst erfährt, dass die Gottheit die Güte ist, die Heiligung, die Freude, die Macht, die Herrlichkeit, die Reinheit, die Ewigkeit,[1]) wenn er auch Bild an Bild reiht, um die Seligkeit des Lebens in Gott würdig zu schildern, so muss er es doch gestehen, dass Menschengeist und Menschenwort sich vergeblich abmühen, andern davon eine richtige Vorstellung zu machen.[2]) Ja ihm gilt jeder Mensch, welcher die Erklärung des unnennbaren Lichtes der Sprache anvertrauen will, als ein Lügner.[3]) Wie für den, welcher das Sonnenlicht von seiner Geburt an nicht gesehen hat, die Beschreibung des Lichtes durch Worte vergeblich und nutzlos ist, so hat jeder hinsichtlich des göttlichen Lichtes seine eigenen Augen nötig.[4]) Man wird bei dieser tiefsinnigen Mystik unwillkürlich an Goethes Worte (Zahme Xenien III) erinnert:

1) T, I, p. 726 a.
2) T. I, p. 764 b—c. Τὸ μὲν οὖν μακαριστὸν ἀληθῶς αὐτὸ τὸ θεῖόν ἐστιν. Ὅ τι ποτὲ γὰρ αὐτὸ εἶναι ὑποθώμεθα, μακαριότης ἐστὶν ἡ ἀκήρατος ἐκείνη ζωή, τὸ ἄρρητόν τε καὶ ἀκατανόητον ἀγαθόν, τὸ ἀνέκφραστον κάλλος, ἡ αὐτόχαρις καὶ σοφία καὶ δύναμις, τὸ ἀληθινὸν φῶς, ἡ πηγή πάσης ἀγαθότητος, ἡ ὑπερκειμένη τοῦ παντὸς ἐξουσία, τὸ μόνον ἐράσμιον, τὸ ἀεὶ ὡσαύτως ἔχον, το διηνεκὲς ἀγαλλίαμα, ἡ ἀΐδιος εὐφροσύνη, περὶ ἧς πάντα τις ἃ δύναται λέγων λέγει τῶν κατ' ἀξίαν οὐδέν· οὔτε γὰρ ἡ διάνοια καθικνεῖται τοῦ ὄντος, κἄν τι περὶ αὐτοῦ τῶν ὑψηλοτέρων νοῆσαι χωρήσωμεν, οὐδενὶ λόγῳ τὸ νοηθὲν ἐξαγγέλλεται. — T. III, p. 141 a—b. Εἰ μὲν γάρ τις ἐπὶ τοσοῦτον τὸ τῆς καρδίας ὄμμα κεκάθαρται ὡς δυνηθῆναι πῶς ἰδεῖν τὸ ἐν τοῖς μακαρισμοῖς ὑπὸ τοῦ κυρίου ἐπηγγελμένον, πάσης καταγνώσεται ἀνθρωπίνης φωνῆς ὡς οὐδεμίαν ἐχούσης εἰς τὴν τοῦ νοηθέντος παράστασιν.
3) T. III, p. 142 b.
4) T. III, p. 141 c. Ὡς καὶ ἐπὶ τῆς ἡλιακῆς ἀκτῖνος τῷ μὴ τεθεαμένῳ τὸ φῶς ἀπὸ πρώτης γενέσεως ἀργὴ καὶ ἀνόητος γίνεται ἡ διὰ τῶν λόγων τοῦ φωτὸς ἑρμηνεία — οὐ γάρ ἐστι δυνατὸν τιν τῆς ἀκτῖνος λαμπηδόνα δι' ἀκοῆς ἐναυγάσαι — οὕτω καὶ ἐπὶ τοῦ ἀληθινοῦ καὶ νοητοῦ φωτὸς ἰδίων ὀφθαλμῶν ἑκάστῳ χρεία, ἵνα τὸ κάλλος ἐκεῖνο θεάσηται.

Wär' nicht das Auge sonnenhaft,
Die Sonne könnt' es nie erblicken;
Läg' nicht in uns des Gottes eigne Kraft,
Wie könnt' uns Göttliches entzücken?[1])

Aber wenn auch der Philosoph in diesem Zusammenhange soweit mit den Griechen zusammengeht, dass er selbst in dem Gedanken eines schwelgenden Geniessens der Gottheit lebt, so redet er doch so wenig einer himmelanstürmenden, schwärmerischen Mystik das Wort, dass vielmehr auch hier die hohen Forderungen der christlichen Ethik zu ihrem vollen Rechte kommen, wenn es heisst: ″Οπερ (sc. καθαρὸν δὲ καὶ ἀμιγὲς καὶ ἀμέτοχον τοῦ κακοῦ τὸ ἀγαθὸν καρποῦσθαι) οὐδὲν ἄλλο ἐστίν, ὥς γε ὁ ἐμὸς λόγος, ἢ μετὰ τοῦ θεοῦ εἶναι μόνον καὶ ταύτην ἄπαυστον ἔχειν καὶ διηνεκῆ τὴν τρυφὴν καὶ μηκέτι συγκαταμιγνύειν τῇ ἀπολαύσει ταύτῃ τὰ πρὸς τὸ ἐναντίον ἀφέλκοντα.[2])

Blicken wir zurück und fassen wir kurz zusammen, so müssen wir gestehen, dass Gregor von Nyssa sich dem Zauber des neuplatonischen Lebensideals der unmittelbaren Gottesanschauung nicht hat entziehen können. Er giebt sich vielmehr demselben hin mit der ganzen Glut seiner nach Gotteserkenntnis dürstenden, nach innerlichster Gemeinschaft mit Gott ringenden Seele. Und doch verliert er sich nicht in ein träumerisches Gefühlsleben, sondern sein energisches Festhalten am Christentum lässt ihn immer wieder hinweisen auf das eigne Herz, auf die Reinheit der Gesinnung und hierin den besten Massstab der Gotteserkenntnis finden. Derselbe Mann, welcher als Philosoph den Begriff des reinen Seins, der Unendlichkeit, der Absolutheit Gottes so stark betont, hängt als Christ mit allen Fasern seines Herzens an der Persönlichkeit der Gottheit und versteht sie als das vollkommenste sittliche Wesen.

---

1) Aehnlich heisst es bei Plotin (Ennead. I, 6, 9): Οὐ γὰρ ἄν πώποτε εἶδεν ὀφθαλμὸς ἥλιον ἡλιοειδὴς μὴ γεγενημένος, οὐδὲ τὸ καλὸν ἄν ἴδῃ ψυχὴ μὴ καλὴ γενομένη.
2) T. III, p. 152 a.

Wir sehen also in der Gotteslehre des Gregor von Nyssa ganz heterogene Elemente zusammentreffen. Aber als Kind einer Zeit, welche kritiklos die fremdartigsten Stoffe in sich aufnahm und zu einem leidlichen Ganzen zu verschmelzen suchte, fühlt Gregor den grossen Gegensatz nicht, durch welchen beide Anschauungsweisen von einander getrennt sind. Und ähnlich ist es auf der Höhe der Scholastik geblieben. Erst die Neuzeit hat die Gegensätze mit voller Klarheit zum Bewusstsein gebracht. Nun scheiden sich die Wege der Denker, und in grossen Reihen ziehen die Gestalten an uns vorüber.

Auf der einen Seite finden wir einen Spinoza mit seinem Kampfe gegen die anthropomorphe Gottesvorstellung des Mittelalters, einen Hegel und neuerdings einen Biedermann,[1]) welche die Idee der Absolutheit und Unendlichkeit des göttlichen Wesens im Gegensatz zu einer „ins Unendliche ausgeweiteten" Endlichkeit mit Energie vertreten. Daneben aber entfaltet sich in der Neuzeit eine andere Richtung, welche unter dem Einfluss der gewaltigen Leistung Martin Luthers die Tiefen des ursprünglichen Christentums wieder eröffnet. So heben ein Schleiermacher (in seinem christlichen Glauben) und ein Lipsius[2]) mit Nachdruck das religiöse, persönliche Moment im Gottesbegriff hervor, und eine neueste Theologie, welche durch den Namen Ritschl[3]) gekennzeichnet ist, streicht unter Ablehnung jeder spekulativen Betrachtungsweise innerhalb der Welt des Christentums jegliche „metaphysische Erkenntnis Gottes." Steht in der philosophischen Abstraktion das kühle, affektlose, spekulative Denken voran, so verbreitet auf der anderen Seite die energische Betonung des sittlich religiösen Lebens eine Wärme der Empfindung über das Ganze und eröffnet eine neue Welt. Hat jene Betrachtungsweise ihre Stärke in der Befriedigung des intellektuellen Interesses, so sucht diese mehr dem religiösen Gefühl und der Eigentümlichkeit des ursprünglichen Christentums gerecht zu werden.

---

1) A. E. Biedermann, Christliche Dogmatik, 2. Aufl. Berlin 1885 II, p. 516 ff; 528 ff; 538 ff.
2) R. A. Lipsius, Lehrbuch der evangelisch-protestantischen Dogmatik, 3. Aufl. Hgb. v. Baumgarten. Braunschweig 1893 p. 189 ff.
3) A. Ritschl, Theologie und Metaphysik, 2. Aufl. Bonn 1887 p. 11 und 12.

So treten beide Anschauungsweisen in einen schroffen Gegensatz und scheinen einander völlig auszuschliessen. Aber die Menschheit als Ganzes scheint von keiner dieser Betrachtungen lassen zu können: das lehrt nach unserer Ueberzeugung eine jahrtausendlange Erfahrung der Geschichte. Gregor von Nyssa kann uns freilich mit seiner naiven Synthese keineswegs befriedigen; dass er aber an Problemen arbeitete, welche auch jetzt noch Grundprobleme der Religionsphilosophie sind, rechtfertigt noch heute eine Beschäftigung mit seinen Gedanken.